Casados y felices

Segunda Edición

Casados y felices
Segunda Edición

Guía de psicología y espiritualidad
para las relaciones de pareja

John Yzaguirre , Ph.D.
Claire Frazier-Yzaguirre, MFT, M.Div.

New City Press
of the Focolare
Hyde Park, NY

Published in the United States by New City Press
202 Comforter Blvd., Hyde Park, NY 12538
www.newcitypress.com
©2017 John A. Yzaguirre, Claire Frazier-Yzaguirre

Translated by Juan Gil Aguilar (with revisions by Ana Hidalgo)
from the original English *Thriving Marriages*
©2004 John A. Yzaguirre, Claire Frazier-Yzaguirre

Cover design by Antonio Santos and Leandro De Leon (2nd edition)

Library of Congress Control Number: 2016954534

ISBN 978-1-56548-558-7

Segunda Edición First Printing 2017

Printed in the United States of America

Índice

Prólogo a la segunda edición

La segunda edición de nuestro libro "Casados y felices" se publica hace poco más de diez años desde su primera edición. Durante este período de tiempo, más de 300.000 personas han participado en nuestros programas de formación matrimonial y familiar. A través de los comentarios de estos participantes se puso en evidencia la necesidad de revisar y elaborar dos temas de nuestra primera edición: el método para resolver los conflictos interpersonales y el uso de la comunicación asertiva.

La mayor novedad de esta nueva edición se encuentra en el nuevo contenido del capítulo 10 sobre "Cómo resolver conflictos con sabiduría y respeto". En este capítulo ofrecemos un enfoque nuevo que sintetiza brevemente dos habilidades esenciales para resolver conflictos: La comunicación asertiva de las necesidades y la respuesta empática a las mismas.

El capítulo elabora los pasos necesarios para integrar las diferencias personales con asertividad y empatía sin recurrir a los errores más comunes de atacar al otro, evadirse o sentirse atrapado en el conflicto. También se describe un proceso de aprendizaje interpersonal que permite comunicar con mayor claridad las necesidades propias sin desahogar emociones que todavía no han sido resueltas, sin quejarse y sin criticar al otro.

La segunda edición ofrece también un nuevo "Cuestionario de habilidades para resolver conflictos" que se puede usar para identificar el nivel actual de estas habilidades y sirve como instrumento de diálogo constructivo para verificar las habilidades que necesitan un mayor nivel de competencia.

Las innumerables parejas que han aprendido y han usado estas habilidades con efectividad y consistencia nos dicen que ahora disfrutan de una vida emocional más estable y de una dinámica de crecimiento en el amor mutuo que son base segura para una felicidad auténtica y duradera.

Prólogo

¿En qué se diferencia este libro de muchos otros que tratan sobre el matrimonio? En que presenta un nuevo modelo de «dinámicas de unidad» para el matrimonio cristiano; una metodología clara para practicarlo; un camino que pueden recorrer parejas de denominaciones cristianas y raíces culturales diferentes; y por último, un enfoque sin tecnicismos que es aplicable, creativo, práctico y efectivo.

La mayoría de los libros que tratan sobre el matrimonio proponen principios, técnicas o hábitos que son fruto de la investigación, así como «recetas» para una relación duradera, pero en general les falta un modelo claro para un matrimonio sano y feliz. Este libro presenta un modelo de matrimonio cristiano que integra los mejores hallazgos psicológicos sobre matrimonios felices con una espiritualidad de la unidad para el mundo de hoy. Lo hemos escrito como si estuviéramos conversando contigo y evitando un lenguaje técnico.

La siguiente anécdota nos puede ayudar a presentar nuestro modelo: Claire encontró una tarjeta que decía: «Hay tres ingredientes importantes para conseguir una relación feliz». Con mucha curiosidad abrió la tarjeta, y dentro ponía: «¡Desgraciadamente nadie sabe cuáles son!». Los dos nos reímos, pues nosotros podíamos ofrecer tres sugerencias fruto de nuestra investigación y labor clínica. Nuestro modelo presenta tres dinámicas de unidad en el matrimonio: empatía, autonomía y reciprocidad.

Nuestra metodología proporciona una estrategia para poder desarrollar estas tres dimensiones esenciales que afectan a tu pareja, a ti y a la relación entre los dos. La *empatía* te permite acoger y conocer a tu cónyuge; la *autonomía* es el don de ti mismo que aportas a la convivencia, y la *reciprocidad* es la relación que surge de una síntesis creativa entre empatía y autonomía. Cuando una pareja desarrolla, integra y vive estas tres dimensiones, su matrimonio se convierte en una experiencia profunda y gozosa de unidad en la diversidad.

En primer lugar presentamos *la empatía como amor inteligente*. La empatía permite a los cónyuges conocerse y amarse de un modo profundo y relevante. Es el arte de saberse acoger el uno al otro. La empatía no depende tanto de que haya amor entre los dos, sino de que ambos se sientan amados tal y como quieren ser amados. Cuanto más comprendido, aceptado, valorado y querido se siente uno, más probabilidades habrá de que corresponda. La verdadera empatía lleva a la reciprocidad y no a la codependencia.* La empatía es un conjunto de habilidades. Exploraremos cómo puede uno conectar emocionalmente con el otro (capítulo 1); cómo comprender las necesidades del otro (capítulo 2); cómo responder a esas necesidades de modo inteligente (capítulo 3); y concluiremos con una reflexión sobre el alma de la empatía (capítulo 4).

La segunda parte del libro propone *la autonomía como don de un yo sano*. La autonomía significa que los

---

* Codependencia: dependencia emocional en el otro para ser feliz.

cónyuges cuidan adecuadamente su salud personal para ser el mejor don para el otro. Usaremos la metáfora de una casa con siete habitaciones para describir la vida de las personas: trabajo, familia, amigos, alma, salud, formación y comunidad. Ofreceremos estrategias para cuidar y embellecer cada una de las habitaciones de la «casa del yo» y conseguir una vida equilibrada (capítulo 5); antídotos poderosos contra los pensamientos «tóxicos» que distorsionan la realidad y provocan sentimientos negativos (capítulo 6); modos prácticos de simplificar y quitarle estrés a la vida (capítulo 7); y concluiremos con una reflexión sobre el alma de la autonomía (capítulo 8).

En tercer lugar presentamos *la reciprocidad como el gozo de la unidad*. El amor perfecto es el amor recíproco. Si la *empatía* es el amor altruista—es decir, los cónyuges que se aman el uno al otro incondicionalmente—y la *autonomía* es potenciar al máximo la capacidad de amar, a través de la *reciprocidad* el amor maduro alcanza su perfección. El proceso de reciprocidad implica el arte de comunicarse con el otro (capítulo 9); la capacidad de resolver conflictos con sabiduría y respeto (capítulo 10); saber perdonarse y reconciliarse (capítulo 11) y vivir una espiritualidad de la unidad (capítulo 12).

El libro también contiene cuestionarios y ejercicios para detectar y perfeccionar estas técnicas. Invitamos a los cónyuges a responderlos y ponerlos en práctica, cosa que los ayudará a elaborar su propio proyecto de matrimonio tal como quieren que sea. Todo matrimonio está en vías de desarrollo, y aplicar estos ejercicios y estrategias ayudará a que las parejas puedan actualizar el potencial que yace latente en su relación. Si dedican una semana a aplicar las técnicas de cada capítulo del libro, en tres meses podrán celebrar la abundancia de nueva vida en su matrimonio.

Por otra parte, este libro refleja nuestras peculiares raíces ecuménicas e interculturales. John es católico, y Claire, cuando nos conocimos y nos casamos, era protestante. John es de origen español, y Claire de origen anglo-americano. Nuestras respectivas familias son muy diferentes. Sin embargo, a lo largo de los años hemos aplicado lo que exponemos en este libro y, aunque experimentamos los mismos defectos y contratiempos que cualquier otra pareja, gozamos de un matrimonio feliz. La experiencia nos demuestra que nuestro modelo vale para parejas de diferentes denominaciones cristianas y raíces culturales distintas.

Creemos que este libro os resultará útil para vuestro matrimonio, tanto si estáis recién casados como si tenéis a los hijos ya emancipados o habéis celebrado vuestras bodas de oro. Esperamos que os sirva de inspiración y os motive a practicar las técnicas que sugerimos, y que vuestro matrimonio crezca en unidad, como les ha sucedido a innumerables parejas. Los ecos que nos llegan de los talleres y retiros que damos por todo Estados Unidos sobre el matrimonio y la vida de familia subrayan el impacto positivo de este modelo en las vidas y en los matrimonios. Ha ayudado a muchas parejas a transformar su matrimonio, que ha pasado de ser una mera convivencia que sobrevive y se mantiene, a convertirse en un itinerario de crecimiento continuo. La visión que proponemos, sencilla y práctica, puede hacer de vuestro matrimonio lo que Dios desea para vosotros.

El contenido espiritual de las dinámicas de unidad que proponemos brota de la perspectiva cristiana que ilumina nuestra vida, pero estamos convencidos de que hay otras tradiciones religiosas que también ofrecen ideas valiosas sobre la espiritualidad del matrimonio. Si no tenéis una fe religiosa, os invitamos a seleccionar los principios que encontréis acordes con vuestras creencias o valores.

Este libro puede servir como proyecto para construir vuestro matrimonio día a día mediante una visión unificada y las técnicas esenciales que hacen falta para poner en práctica esa visión. No leáis este libro una sola vez para luego dejarlo en la estantería; tenedlo a mano como un breve compendio de técnicas que podéis practicar durante el resto de vuestra vida.

Primera parte

La empatía:
el amor inteligente

Seguro que amas a tu pareja, pero ¿se siente ella amada por ti tal y como quiere ser amada? Cuanto mayor sea tu empatía, más fuerte será el amor que tu pareja experimentará de ti. A la empatía se la llama «amor inteligente» porque es uno de los modos más acertados de relacionarse el uno con el otro. Tiene tres dimensiones: la primera, *conectar emocionalmente con tu pareja*, se activa cuando amas con el corazón, mostrándote sensible ante lo que siente el otro. La segunda, *comprender las necesidades de tu pareja*, se actualiza cuando amas con la mente, manifestando que sabes comprender las necesidades de tu pareja que subyacen a sus sentimientos. Y la tercera, *amar a tu pareja inteligentemente*, se pone en marcha cuando respondes a esas necesidades con una acción concreta y apropiada. Este paso final, el más decisivo de la empatía, es el que hace visible y real tu amor por el otro. Las técnicas de la empatía te transformarán en un amante sensible, comprensivo y activo, y darán base sólida a las demás técnicas que presentamos en este libro.

1. Conectar emocionalmente con tu pareja

Cuando entrevistamos a parejas, muchas veces les preguntamos por su «cociente de empatía». Recordamos una respuesta bastante enérgica de un marido cuando Claire le preguntó: «Dígame, por favor, ¿qué es lo que hace a su esposa feliz de verdad?». Irritado, respondió: «¡Precisamente para eso le pago! ¡Dígamelo usted, porque después de tantos años aún no lo sé!». Obviamente, no hace falta pagarle a un terapeuta para descubrir lo que le hace feliz a tu pareja, pero tal vez tengas que cambiar de estrategia. Quizá creas que cuanto menos alterada, preocupada o deprimida esté tu pareja, más feliz es. La experiencia indica que no es así. La felicidad no es la ausencia de algo negativo, sino más bien la presencia de algo positivo. Puedes ayudar a tu pareja a ser más feliz proporcionándole las experiencias positivas y significativas que espera de ti.

Destacamos tres técnicas básicas que pueden aumentar la conexión emocional con tu pareja: hazle sitio en tu corazón; interésate por cómo se siente y valora sus sentimientos.

Cuando veas pequeños apartados bajo el título: «Prueba esto», te invitamos a practicar esas sugerencias. Estos sencillos y efectivos ejercicios reforzarán tu capacidad de empatía.

Haz sitio en tu corazón a tu pareja

Es el arte de acoger en el corazón a tu pareja. Con los años, es posible que te hayas acostumbrado tanto a su presencia que ya no le des mayor importancia o simplemente soportes su modo de comportarse. Así lo llegó a describir un marido: «Ahora, cuando llego a casa, parece que el perro es el único que se alegra de verme».

El punto de arranque de la empatía es valorar a tu pareja. Párate un momento y repasa las cualidades y virtudes que admiras y respetas en el otro. El valor que tiene tu pareja para ti se refuerza si te centras en sus atributos positivos y no en sus rasgos negativos. Hazlo cada día en el camino de vuelta a casa del trabajo o cuando estés a punto de verla por la noche. Cuando saludes a tu pareja, hazle sentir que te alegras de que forme parte de tu vida. Lo puedes expresar con una sonrisa sincera o alguna otra muestra de afecto, de modo que se sienta acogida en tu corazón.

José, médico de prestigio, y Susana, ejecutiva de marketing, se quejaban de sus vidas agitadas y de que su matrimonio no les llenaba. A medida que dialogaban, se dieron cuenta de que estaban llevando vidas paralelas. No tenían discusiones ásperas o comportamientos violentos, pero cada cual dedicaba la mayor parte de su tiempo y de sus energías a su éxito profesional. Su primer reto fue apartar la atención de sí mismos y centrarse en el otro. Ambos reconocieron que habían dejado de preocuparse por el otro y que su interés primordial no era tanto el amarse mutuamente, sino más bien el triunfar profesionalmente. Sus respectivos trabajos se llevaban la mejor tajada y terminaron dándose mutuamente las migajas. Afortunadamente, se mostraron dispuestos a centrarse en los sentimientos y las necesidades del otro, lo cual significó un cambio en sus prioridades y ponerse a practicar cada día el arte de acoger al otro en el corazón. Hoy se sienten mucho más unidos y más felices, y gracias a ello su vida profesional también ha salido ganando.

Prueba esto
Cuando llegues a casa del trabajo,
mira a tu pareja a los ojos
y haz que se sienta acogida en tu corazón.

Interésate por cómo se siente tu pareja

¿Recuerdas cuando erais novios? Entonces tenías una curiosidad insaciable por saber cómo se sentía tu pareja. Con el paso de los años, es probable que hayas desviado la atención de tu pareja hacia ti, y ahora esperas que el otro esté dispuesto a apoyarte cuando lo necesitas y que no interfiera en tus planes. Cuando te despreocupas de lo que siente tu pareja, te despreocupas de ella. Comprender lo que siente el otro abre la puerta a su vida emocional íntima. A lo mejor observas que tu vida matrimonial consiste en una serie de tareas. Desde el comienzo de su matrimonio, muchas parejas definen y se asignan funciones y se dedican a cumplirlas para ser un buen marido o una buena esposa. Lo cual estaría muy bien si el matrimonio fuera únicamente un contrato legal, pero el matrimonio es mucho más que un reparto de tareas; es una alianza sagrada cuya norma principal es amarse mutuamente. Lo demás sigue como consecuencia.

Hay un sentimiento que merece especial atención: descubrir lo que le hace feliz a tu pareja. No hay que ser especialmente perspicaz o sensible para darse cuenta de lo que le molesta al otro, pues antes o después te lo dirá. Y lo mismo con lo que le preocupa o deprime. Pero en más de veinte años de experiencia clínica con parejas hemos constatado que muchas personas sólo saben a medias o no están muy seguros o incluso no tienen ni idea de lo que le hace al otro realmente feliz.

Es lo que les sucedía a María y Roberto. Llevaban siete años casados, y ella se quejaba de que a Roberto le gustaba llevar la casa como si fuera su oficina. Era cuidadoso y responsable, pero siempre anteponía las tareas a las personas. Él estaba convencido de que era un buen marido porque trabajaba mucho para mantener a su familia, nunca había defraudado a su esposa ni hecho nada inmoral o ilegal. No podía entender por qué María no era feliz con él. ¿Acaso no era trabajador, fiel, honrado y responsable?—pensaba él—. Pero María le objetaba: «Sí, Roberto, tienes todas esas cualidades, ¡pero no me das lo que yo quiero!». Durante todo su matrimonio él había ejercido el papel de buen marido ¡según él! Al final cayó en la cuenta de que sólo era un buen esposo si María se sentía amada por él, pues María quería un marido que se preocupara, en primer lugar, de amarla a ella y a los niños, y luego de realizar tareas. También descubrió que María se sentía amada por él cuando él empezó a comprender y a valorar lo que ella sentía.

Pregúntale a tu pareja, al menos una vez
por semana, qué podrías hacer en concreto
durante la semana para hacerla feliz.

Valora los sentimientos de tu pareja

Valorar los sentimientos de tu pareja significa dar importancia a cómo se siente y mostrarlo con una reacción de apoyo. No tienes que analizar o juzgar la validez de sus sentimientos, sino simplemente apreciar que los haya compartido. Así puedes comprender y apoyar mejor al otro.

A Manuel y Teresa les resultaba difícil valorar los sentimientos del otro. Sus intentos de comunicación seguían un patrón abocado al fracaso. Cuando Teresa se mostraba enfadada, preocupada o triste, Manuel trataba de ayudarla dándole consejos sobre cómo resolver o prevenir la situación que había causado esos sentimientos negativos, en lugar de valorar lo que ella sentía con un comentario de este tipo: «Ya veo lo doloroso que ha sido esto para ti. ¿Puedo hacer algo para ayudarte?». En realidad Teresa sólo quería sentirse comprendida. Cada vez que Manuel le daba un consejo sin que se lo pidiera, a ella le molestaba su paternalismo o que no le importase cómo se sentía ella. Manuel, por su parte, se enfadaba porque ella no apreciaba su sincero deseo de ayudarla en su problema, y comenzó a replegarse en sí mismo. Teresa sintió cómo se alejaba y empezó a ofenderse y a criticar su falta de sensibilidad, y a expresar cada vez menos sus sentimientos. Este círculo vicioso llegó a hacerse insoportable. Por suerte, lo rompieron aprendiendo a valorar los sentimientos del otro, y ahora su modo de comunicarse los ha llevado a una mayor intimidad emocional.

Prueba esto

Cuando tu pareja te comunica lo que siente,
valora lo que dice sin ofrecer soluciones
o consejos que no te ha pedido.

---

2. Comprender las necesidades de tu pareja

La segunda dinámica de la empatía es comprender que tu pareja necesita sentirse amada por ti. Muchas parejas se pasan el día trabajando cada uno por su lado. Las necesidades y los sentimientos varían cada día y, a no ser que tu pareja ofrezca esa información, no hay forma de saber lo que necesita si no se lo preguntas.

Los sentimientos se pueden agrupar en cuatro categorías básicas: felicidad, ira, ansiedad y depresión. Uno se siente feliz cuando tiene cubiertas sus necesidades en el presente; enfadado, cuando sus necesidades o deseos no están satisfechos en el presente; ansioso, cuando teme que sus necesidades no estén satisfechas en el futuro; y deprimido, cuando experimenta pérdidas importantes o se siente incapaz de satisfacer sus necesidades.

Los sentimientos y las necesidades están en estrecha conexión. Cuando tu pareja está enfadada, necesita que la comprendas; cuando tiene ansiedad, necesita que la tranquilices; cuando se siente deprimida, necesita que la consueles; y cuando se siente feliz, necesita compartir esa alegría contigo. Cada uno de nosotros tiene su propio modo de sentir y de cubrir sus necesidades. No hay una talla única para todos. Tienes que averiguar las necesidades concretas de tu pareja en cada momento.

Muchas parejas que llevan casadas ya unos años se creen que conocen cada uno las necesidades del otro, cuando en realidad las suponen. Su incapacidad de comprender y responder a las necesidades del otro es lo que los trae a nuestra consulta. Con profunda tristeza hemos escuchado a muchos cónyuges expresar su insatisfacción con un compañero que durante muchos años ha actuado de buena fe y responsablemente pero no ha sido capaz de amar de un modo significativo y apropiado. Hay tres modos de promover el entendimiento: pregúntale a tu pareja lo que necesita de ti, reconoce y acepta esas necesidades y responde con interés, cariño y aprecio.

Pregúntale a tu pareja lo que necesita de ti

La mejor manera de saber lo que tu pareja desea o necesita (si no te lo ha dicho) es preguntar. No trates de adivinar: los malentendidos dejan cicatrices innecesarias. Es mejor que le preguntes directamente qué comportamientos concretos espera. Por ejemplo, si tu pareja dice que necesita que la apoyes más, pregúntale de qué modo concreto quiere que lo hagas.

En nuestro matrimonio tenemos la gran ventaja de que Claire haya nacido y crecido en California y John en España. El ser conscientes de nuestras diferencias culturales nos empuja a decirnos o preguntarnos el uno al otro lo que queremos en un deseo sincero de comprender nuestras diferentes costumbres y expectativas. Nuestro continuo interés y diálogo evita que nos hagamos falsas suposiciones que luego vemos defraudadas.

Es peligroso suponer que si tu pareja no comunica ninguna necesidad es porque las tiene todas satisfechas.

Su falta de comunicación no quiere decir que todo está bien. Algunos cónyuges dejan de quejarse no porque sus necesidades estén cubiertas, sino porque están desilusionados y alejados emocionalmente el uno del otro. En su silencio, quizá estén buscando una salida a su matrimonio infeliz.

Prueba esto
Busca el momento adecuado
para preguntarle a tu pareja
qué es lo que más necesita de ti esta semana.

Comprende y acepta las necesidades de tu pareja

Otro obstáculo para comprender las necesidades de tu pareja pueden ser tus propias expectativas irrealizables. Quizá esperes que tu cónyuge sea tu gerente emocional o tu animador personal, que te reciba siempre con ganas y se preocupe enseguida de ti cuando llegas a casa del trabajo. Lo cual es irrealizable, porque supone que el otro no necesita nada de ti y no ha tenido su propio estrés, dificultades y problemas durante el día. Es más realista volver a casa dispuesto a aceptar lo que tu pareja pueda sentir y necesitar en ese momento. En otras palabras, ama a tu pareja tal como es, no una versión fantasiosa de ella.

Pablo se quejaba de que, al llegar a casa del trabajo, Rosa siempre lo bombardeaba con los últimos conflictos de los niños y lo ponía a trabajar, cuando él esperaba encontrar en casa a una esposa feliz que lo dejase tranquilo para relajarse después de un día intenso. Rosa esperaba que Pablo volviera a casa lleno de energía, dispuesto a ayudarla con los niños y en las tareas domésticas. Pablo quería una esposa relajada y alegre y Rosa quería un cabeza de familia lleno de energía y solidario. Estas expectativas podrían cumplirse unos días, pero en general ambos tenían un día ajetreado, y lo más sensato era aceptarlo y ayudarse mutuamente. Cuando cambiaron sus falsas expectativas por una sincera comprensión y aceptación de las necesidades del otro, su relación se hizo más real y gratificante.

Prueba esto
Cuando llegues a casa del trabajo,
acepta las necesidades de tu pareja
y ayúdala concretamente.

Responde a tu pareja con interés, cariño y aprecio

Tu pareja necesita sobre todo tres cosas de ti: interés, cariño y aprecio. Es fácil darlas por supuestas o descuidarlas, pero son como antioxidantes poderosos que mantienen fuerte y sano el sistema inmunológico relacional. Si las practicas, tu pareja se sentirá la persona más importante en tu vida, digna de amor y muy especial para ti.

Para Lupe, Antonio era un hombre muy trabajador. Él estaba orgulloso de sus éxitos profesionales y se consideraba un marido fiel y responsable. Aun así, Lupe se sentía insatisfecha con su matrimonio y vino a la consulta. Cuando dijo que no era feliz, Antonio se ofendió y la culpó de sus problemas. Según él, parecía no valorar lo que él hacía por ella. Costó un rato calmarlo para que la escuchase realmente. Cuando le preguntamos a Lupe qué era lo que más deseaba de él, contestó: «Quiero sentirme importante, amada y valorada. Ya le he dicho que valoro su fidelidad, su laboriosidad y su dedicación a nuestra familia». Antonio no le había dado a Lupe lo que ella más quería y necesitaba: interés, cariño y aprecio. Él empezó a invertir diariamente en estos tres ingredientes de la empatía, y ambos vieron cómo su relación dio un giro. Si aplicas estas técnicas en serio, tú también notarás un cambio fundamental en tu matrimonio.

Prueba esto

Cada día, busca la ocasión de dar a tu pareja
interés, cariño y aprecio.

---

3. Amar inteligentemente

Conectar emocionalmente con tu pareja y comprender sus necesidades lleva a la tercera y más importante dimensión de la empatía: amar al otro como quiere ser amado. Una vez que sabes lo que quiere, dáselo incondicionalmente: es el modo más inteligente de amar a tu pareja cuando sabes positivamente lo que quiere o necesita en ese momento. Tu modo de actuar es lo que demuestra que tu amor es real. Por ejemplo, muchos casados dicen que serían más felices si su pareja fuese más comunicativa; a otros les gustaría hacer más cosas en familia; otros sueñan con una conexión espiritual más profunda. Más que suponer o adivinar, pregúntale al otro lo que desea. Si respondes a esa necesidad con acciones concretas y apropiadas, disfrutaréis más como pareja.

Nunca insistiremos lo suficiente en la importancia de este último paso. Es fácil que te sientas bien cuando *sabes* que te preocupas por tu pareja o la comprendes, pero, si no demuestras concretamente que estás dispuesto a darle lo que espera de ti, tu amor permanece invisible. Cualquiera puede aprender las técnicas de la empatía. Practícalas cada día y notarás, como muchas otras parejas, una mejoría gradual pero clara en tu matrimonio.

El amor es real cuando es concreto y visible. Nada es pequeño o insignificante si lo haces por amor a tu pareja.

He aquí tres maneras de que tu amor sea inteligente, real y oportuno: ama a tu pareja como quiere ser amada, sé concreto y realista en tu respuesta y ayúdala sin que te lo pida.

Ama a tu pareja como quiere ser amada

Puede que te resulte más cómodo amar a tu pareja como a ti te parece natural o como crees que debes, pero si no es lo que el otro desea, estás perdiendo tiempo y energía. Tu pareja se sentirá amada de verdad cuando la trates tal como ella quiere. Ella es la única que sabe cómo desea ser amada. Tú has de estar atento y saber responder. La vida matrimonial no consiste en demostrar que amas mucho, sino en verificar que el otro se siente amado.

Carlos y Bárbara vinieron a la consulta con muy pocas esperanzas. Él había tenido una larga aventura amorosa y, cuando ella lo descubrió, se sintió herida muy profundamente y su resentimiento era bien visible. Él la convenció para que fueran a la terapia en un intento desesperado de salvar su matrimonio. Hacia el final de la primera sesión, ella salió un momento del despacho. Entonces Carlos dijo: «Ya sé que está difícil la cosa, pero tengo una idea que le cambiará el corazón. De ahora en adelante todas las mañanas la despertaré con la música que le gusta, encenderé su vela aromática favorita y le serviré el desayuno en la cama hasta que su corazón se ablande». John preguntó: «¿Cómo sabes que eso es lo que quiere?». Él contestó: «¡A cualquier mujer en su sano juicio le encantaría eso!». John le recordó que no estaban hablando de cualquier mujer, sino de Bárbara, y sugirió que se lo preguntase. Cuando Bárbara volvió, él le expuso su plan. Indignada, Bárbara le contestó: «Me importan un comino la vela, la música y el desayuno en la cama. No quiero comida ni velas ni música. ¡Lo que quiero es un marido que venga a casa directamente del trabajo, que quiera a su familia y sea fiel!». Y después expuso los cambios concretos de comportamiento que quería. Carlos decidió darle lo que le había pedido. Han pasado varios años y siguen casados, pues han aprendido a practicar esta importantísima dimensión de la empatía.

Prueba esto
Dale a tu pareja lo que realmente desea.

Sé concreto y realista en tu respuesta

A veces sabes lo que tu pareja quiere, pero no le dices claramente en qué medida lo puedes hacer y en cuánto tiempo. Cada vez que no cumples algo que habéis acordado hacer, pierdes credibilidad, confianza y respeto. Es mejor prometer menos y ser explícito en cuanto a lo que estás dispuesto o eres capaz de hacer, en lugar de prometer más y no cumplirlo.

Nuria y Alberto estaban realmente bloqueados cuando vinieron a consultar a Claire. Nuria se estaba cansando de pedirle a Alberto que terminara un proyecto en la casa que había empezado meses atrás y tenía sin concluir. Cada vez que Nuria hablaba de ese proyecto, Alberto respondía a la defensiva, con excusas y promesas. Nuria había perdido la paciencia y el respeto por él y empezó a llamarlo «irresponsable», «incompetente» y «perezoso». Alberto reconoció que había prometido más de lo que podía dar con el fin de complacerla, pero no quería contratar a nadie para terminar el proyecto. Claire le preguntó cuánto podía hacer siendo realista, y él contestó que en un mes podía terminar una cuarta parte de lo que había prometido al principio. Nuria aceptó su nueva promesa, aunque se mantenía escéptica. Con un objetivo realista por delante, Alberto terminó la primera parte del trabajo en dos semanas. Luego prometió otro 25%, que remató antes de lo esperado. Dos meses después estaba acabado todo el proyecto. Y se quedó asombrado del impacto positivo que eso tuvo no sólo en la casa, sino también en su relación. Así aprendió a responder a las expectativas de Nuria en términos concretos y realistas, y ella aprendió a respetarlo de un modo nuevo.

Prueba esto
Responde a las necesidades de tu pareja
de modo concreto y realista.

Ayuda a tu pareja sin que te lo pida

Tal vez el mayor obstáculo para la empatía es quedarte pasivo y no demostrar que te preocupas por el otro.

Hay personas que son pasivas porque les da miedo cometer errores; otras, porque prefieren la comodidad, y otras, como una forma de hostilidad indirecta. Si tienes tendencia a ser pasivo, reconoce cuál es la causa y combátela tomando alguna iniciativa. Si eres pasivo porque temes la desaprobación o el rechazo, procura darle a tu pareja lo que realmente desea. Si tu pasividad proviene de la inercia psicológica de hacer únicamente lo que no requiere pensar ni esforzarse, recuerda que el tomar decisiones difíciles y practicar nuevas conductas te hace crecer como persona. La relación con tu pareja sigue el mismo principio: crece cuando los dos practicáis nuevas conductas por amor al otro. Si tu pasividad es un modo de mostrarte hostil por algo que tu pareja ha hecho y que te molesta, ten en cuenta que no dar amor es como parar el flujo de vida de vuestra relación.

Marta se negaba a hablar con Tomás porque éste no había hecho una cosa que le había pedido. Ella no le había dicho claramente lo importante que eso era para ella, y entonces él se ofendió al ver que no le dirigía la palabra. Su relación caía cada cierto tiempo en este ciclo destructivo. Aprender a tomar la iniciativa para comprender las expectativas del otro les ayudó a sacar su relación de las arenas movedizas de la pasividad.

Prueba esto
Cada día toma la iniciativa
de ofrecer ayuda a tu pareja.

---

4. El alma de la empatía

La inspiración para practicar la empatía brota del alma. En un momento decisivo de su vida, John descubrió la fuente profunda de la verdadera empatía.

Recuerdo como si fuera ayer una fuerte experiencia que tuve cuando era adolescente. Yo estaba buscando el verdadero sentido y la finalidad de mi vida. Un amigo me invitó a escuchar a un médico que iba a contar cómo trataba de vivir el Evangelio. Al final del encuentro le pregunté a aquel médico si realmente creía en todo lo que había dicho, y respondió: «¿Qué importa? La cuestión no es si yo creo en el Evangelio, sino si crees tú». Al percibir mi lucha, sacó un talonario de recetas y escribió la siguiente frase del Evangelio: «En verdad os digo que cuanto hicisteis a uno de estos hermanos míos más pequeños, a mí me lo hicisteis» (Mt 25, 40).

Después de darme esta «receta» poco común, dijo: «Durante las dos próximas semanas, vive estas palabras como si fueran verdad, y luego llámame». Eso hice, y mi vida nunca ha sido la misma desde ese momento. Antes de ese encuentro yo valoraba a las personas según su capacidad intelectual, sus rasgos físicos, sus habilidades sociales, su sensibilidad, sus logros personales, su nivel económico u otras características individuales. Desde ese encuentro, vivir esas palabras del Evangelio me ha hecho caer en la cuenta de la verdadera dignidad de cada persona y del tesoro escondido que hay dentro de ellas: Jesús. Comprendí claramente que vivir el cristianismo no era algo idealista o romántico, sino que exigía actos concretos de amor a Dios y a la persona que está a mi lado en el momento presente.

Un día estaba yo compartiendo esta experiencia en un seminario para parejas y un hombre del grupo me dijo: «Todo eso suena muy bien, pero usted no conoce a mi mujer. No hay manera de ver a Jesús en ella». Él creyó erróneamente que yo estaba hablando de una visión mística poco común, y no de la experiencia concreta de la presencia de Dios que podemos tener cuando amamos a los demás. Jesús mismo promete: «A quien me ame... me manifestaré» (Jn 14, 21). Jesús da a conocer su presencia cuando lo hemos amado.

El comentario de ese hombre que no podía «ver» a Jesús en su esposa me recordó una explicación atribuida al gran escultor Miguel Ángel. Cuando le preguntaron: «¿Cómo transformas un bloque de piedra en una obra maestra?», el artista respondió: «Quitando lo que sobra». En un nivel humano, generalmente sólo vemos en los demás el «bloque de piedra», pero si dejamos que el Artista viva dentro de nosotros, podemos ayudarlo con toques de amor empático a quitar de nuestra pareja o de nuestro prójimo lo que no es importante y liberar la obra maestra que está aprisionada dentro de él.

Tenemos suerte, porque Jesús nos ha dicho que, cuando lo veamos cara a cara, después de morir, nos preguntará cómo lo hemos amado en nuestro prójimo. En otras palabras, el examen definitivo para ver si hemos concluido nuestra vida con éxito consiste en haber practicado la empatía, es decir, en nuestra capacidad de responder a las necesidades de los demás de un modo apropiado. La empatía tiene consecuencias eternas.

¿Cuál es el alma de la empatía en tu matrimonio? Amar a Jesús en tu pareja. Cuando eres consciente de que Jesús vive en tu pareja, te das cuenta de su dignidad y la tratas con sumo cuidado y respeto.

Jesús nos da una de las descripciones más claras de empatía en la parábola del buen samaritano (cf. Lc 10, 30-37). El buen samaritano se desvió de su camino para atender a un extraño que había sido víctima de ladrones y había quedado medio muerto. Comprendió lo que necesitaba el desconocido y lo amó concretamente curando sus heridas, llevándolo a una posada en su propia cabalgadura y preocupándose de él. Incluso le pidió al posadero que lo cuidara mientras estuviera lejos, y corrió con los gastos. Su sincera misericordia por esa persona necesitada motivó sus actos de empatía.

El meollo de la empatía es la misericordia. Jesús nos enseñó a ser empáticos, a amar concretamente a cada prójimo que vemos, incluidos nuestros enemigos. En la cruz nos mostró la medida de nuestra empatía: estar dispuestos a dar la vida por los demás, como hizo Él. Las dimensiones espiritual y psicológica de la empatía se parecen una a otra. En primer lugar, deja sitio a tu pareja en tu vida, luego trata de comprender lo que necesita y, por último, ámala concretamente y de un modo apropiado.

Cuando quieres amar a tu pareja, el primer paso es hacerle sitio en tu vida vaciando la mente, el corazón y el alma de todo lo que te afecta, y prestarle total atención. Si estás vacío de ti mismo, tu pareja puede expresar claramente lo que desea o necesita de ti. Esto es lo que Jesús practicó cuando nos hizo sitio en su vida. La Escritura dice que se vació de sí mismo: «El cual, siendo de condición divina, no retuvo ávidamente el ser igual a Dios, sino que se vació de sí mismo tomando condición de siervo, haciéndose semejante a los hombres» (Flp 2, 6-7).

Éste es un paso difícil, pues requiere negarse a uno mismo. Hacerse nada para recibir todo lo que tu pareja quiere darte es una opción positiva. La paradoja de la empatía es que, si te haces nada por amor, experimentarás el misterio pascual y pasarás de la muerte a la vida, porque has amado. Hacerse nada (vaciarse completamente) es como morir, pero, si lo haces por amor a tu pareja, se genera una nueva vida en ti. Jesús dijo que los que optan por salvar su vida, la perderán, pero los que la pierden por Él, la salvarán (cf. Mc 8, 35). Paradójicamente, descubrirás que *eres cuando no eres*; *eres* cuando amas. Amar significa morir a uno mismo con el fin de vivir para el otro.

El segundo paso en el proceso de la empatía es identificarte con los sentimientos y las necesidades de tu pareja en cuanto empieza a contarte sus cosas. Haz tuyos sus deseos y necesidades y compréndelos. *Hazte uno* con tu pareja. El apóstol Pablo describe cómo un cristiano llega a ser uno con los demás: «Me he hecho todo a todos» (1 Co 9, 22).

El tercer paso es responder a las necesidades de tu pareja de un modo concreto y apropiado. Dale a tu pareja no lo que tú crees que necesita, sino lo que te pide. Aquí el problema es que nos encanta decidir por el otro y nos resistimos a que nos digan lo que tenemos que hacer. Sin embargo, el amor es real cuando se convierte en un acto de entrega concreto y apropiado. Jesús quiere que amemos con la medida de dar la vida, lo cual incluye cualquier petición legítima de tu pareja. El proceso de empatía comienza siendo sensible a los sentimientos de tu pareja; continúa comprendiendo sus necesidades y se completa con una respuesta de amor concreto que responda a esas necesidades. *El alma de la empatía es amar a Jesús en tu pareja.*

Prueba esto
Ama a tu pareja como amarías a Jesús.

Puedes examinar tus habilidades empáticas respondiendo a las preguntas del siguiente cuestionario. Las habilidades donde puntúes 3 o menos son las que necesitas practicar más para mejorar tu nivel de empatía.

CUESTIONARIO DE HABILIDADES EMPÁTICAS

Marca la respuesta que mejor refleje con qué frecuencia utilizas estas habilidades con tu pareja:

1: Nunca   2: Poco   3: A veces   4: Bastante   5: Casi siempre

1. Verifico que mi pareja se sienta amada por mí 1 2 3 4 5

2. Le pregunto a mi pareja cómo se siente 1 2 3 4 5

3. Valoro lo que siente mi pareja sin darle consejos 1 2 3 4 5

4. Le pregunto a mi pareja lo que necesita 1 2 3 4 5

5. Comprendo y acepto las necesidades de mi pareja..1 2 3 4 5

6. Le muestro a mi pareja el interés que desea ..1 2 3 4 5

7. Le doy a mi pareja el cariño que desea............1 2 3 4 5

8. Aprecio a mi pareja tal y como desea...........1 2 3 4 5

9. Amo a mi pareja como quiere ser amada.......1 2 3 4 5

10. Tomo la iniciativa de amar a mi pareja concretamente 1 2 3 4 5

Segunda parte

La autonomía:
el don de un yo sano

5. La «casa del yo»

Imagina que tu vida es una casa con siete habitaciones: la familia, el trabajo, el alma, los amigos, la salud, la formación continua y la comunidad. No están puestas por orden de importancia, sino que cada habitación es esencial y está comunicada con las demás. La finalidad de este capítulo es recorrer virtualmente la «casa del yo» y ver cómo puedes hacer que tu vida sea más bella y acogedora cuidando cada habitación y componiendo una vida equilibrada. Si das equilibrio a tu vida, le harás a tu pareja el don de un «yo» sano. Esta estrategia implica responder a cuatro preguntas:

1. ¿En qué te gustaría mejorar? (tu visión)
2. ¿Por qué es importante mejorar en eso? (tu motivación)
3. ¿Cómo vas a hacerlo? (tu estrategia)
4. ¿Cuándo vas a hacerlo? (tu horario específico)

1. La respuesta a la primera pregunta es tu visión de cómo hacer más plena esa parte de tu vida. Conviene tener una *visión positiva*—cómo promover la belleza y el crecimiento—en lugar de una visión negativa—cómo reducir o terminar con el «desorden» o evitar algo negativo—.

2. La respuesta a la segunda pregunta es tu *motivación personal* para poner en práctica tu visión. Debes basarte

en tus valores personales, y no en tus temores o en alguna razón externa que no refleja tu escala de valores interna. La decisión ha de ser tuya al cien por cien.

3. La respuesta a la tercera pregunta se refiere a tu *estrategia realista* para que tu visión se haga realidad. Deberá ser concreta, estar dentro de tus posibilidades y ser gradual, con pasos sucesivos.

4. Finalmente, la respuesta a la cuarta pregunta definirá el tiempo específico que dedicarás en tu horario únicamente a llevar a efecto esa decisión, algo que pasa a formar parte de tu nuevo estilo de vida.

Puedes utilizar el siguiente esquema general para anotar tus objetivos según las siete habitaciones de tu casa y actualizarlo periódicamente.

ESQUEMA GENERAL PARA LA «CASA DEL YO»

	Visión ¿En qué quiero mejorar?	Motivación ¿Por qué quiero mejorar en eso?	Estrategia ¿Cómo voy a hacerlo?	Prioridad ¿Cuándo voy a hacerlo?
Familia				
Trabajo				
Alma				
Amigos				
Salud				
Formación contínua				
Comunidad				

La familia

En esta habitación empieza nuestro recorrido por la «casa del yo». En este libro encontrarás muchas sugerencias para arreglar esta habitación, porque el modelo para crear unidad, así como las técnicas que estamos presentando, pueden aplicarse también a la vida familiar. Hoy en día hay familias de lo más variado, pero todas comparten el compromiso de construir relaciones de amor. Considera tu familia como un sistema de interacciones delicadas que requiere cuidados y crecimiento continuos. ¿Quién es el que requiere más atención en este momento? ¿En qué mejoras te gustaría concentrarte?

El siguiente ejercicio es un breve esquema de los cuatro criterios necesarios para un cambio positivo: visión (qué), motivación (por qué), estrategia (cómo) y prioridad (cuándo).

Prueba esto

Anota tus respuestas en el esquema general:
¿Qué te gustaría mejorar en tu vida familiar?
¿Por qué? ¿Cómo? ¿Cuándo?

Ejemplo

Qué: Me gustaría que pasáramos más tiempo en familia.

Por qué: Para fortalecer la unidad familiar.

Cómo: Vamos a dedicar un par de horas a la semana a alguna actividad familiar entretenida.

Cuándo: Los sábados por la tarde (previo acuerdo de todos).

Piensa por un momento en las diferentes funciones y normas que hay en tu familia y mira a ver si hay que cambiar alguna o crear otras nuevas para mejorar la colaboración entre todos. Ten en cuenta también a tus parientes, y mira a ver qué relaciones necesitan mayor dedicación por tu parte. ¿Cómo mejorar la hospitalidad con los amigos y con otras personas? Elige una idea al mes para mejorar la vida de tu familia y realiza cambios que perduren.

El trabajo

Para muchas personas ésta es la habitación más grande de la «casa del yo». Dedicamos más tiempo y energías a este aspecto de la vida que a cualquier otro. Muchas personas dejan que el trabajo o el éxito profesional decida su nivel de autoestima y sus propósitos en la vida. Aquí lo ideal es trabajar en un ámbito que merezca la pena, donde puedas sacar el mejor provecho de tus dotes y que beneficie a la sociedad. Y decidir en la medida de lo posible cuántas horas dedicar al trabajo para mantener una vida equilibrada. Cuando tengas claro dónde trabajar y durante cuántas horas, mira con detalle qué aptitudes profesionales necesitas mejorar para desempeñar mejor tu trabajo.

Nosotros dimos un gran cambio en nuestra vida cuando decidimos modificar este aspecto.

Yo trabajaba como psicólogo en un gran centro sanitario y disfrutaba con los servicios que podía prestar a gente de toda edad y condición. Los comentarios de mis clientes y el reconocimiento de mis compañeros de plantilla me satisfacía, pero había un gran problema: trabajaba demasiadas horas, atendiendo urgencias continuamente, y nunca sabía cuándo iba a llegar a casa. El único punto previsible de mi trabajo era el elevado nivel de estrés y de cansancio que me causaba, pues consumía la mayor parte de mi tiempo y de mis energías. Una noche hablamos sobre las muchas horas de trabajo y acordamos que no trabajase más de 40 horas a la semana. La empresa no aceptó mi petición de trabajar solamente las 40 horas establecidas en mi contrato laboral, por lo que decidí cambiar de trabajo. Fue la mejor decisión posible, pues recuperé mi vida. Mi nuevo trabajo, en colaboración con Claire, consistía en desarrollar nuestro propio instituto: California Prosocial Institute. Por fin podíamos realizar nuestro sueño. Actualmente, nuestro trabajo está dedicado a servicios terapéuticos y a proyectos de prevención y de formación en los que cada año participan unas 30.000 personas de todo Estados Unidos. También somos consultores de varias iglesias, agencias y organizaciones que están al servicio de la familia. Cuando renuncié a mi trabajo anterior no imaginaba los nuevos horizontes profesionales ni el bienestar personal que resultaría de buscar un equilibrio mayor en mi vida.

Cuando pienses en el trabajo, intenta en la medida de lo posible ocupar un puesto adecuado a tus competencias y no dedicarle más horas de lo que sería razonable. Mira en qué te gustaría mejorar. Si eres un padre o madre que ha elegido quedarse en casa, puedes aplicar esta estrategia al trabajo doméstico.

A lo mejor necesitas colaborar más con tus compañeros o replantear las responsabilidades de tu puesto compartiendo o delegando algunas tareas, o mejorar tus técnicas de empleo del tiempo, o desarrollar un nuevo proyecto. Piensa en lo que podrías hacer para mejorar la calidad de tu trabajo, el nivel de satisfacción de la gente a la que sirves, la innovación en lo que haces y las relaciones con tus colegas. Un aspecto importante relacionado con el trabajo es cómo empleas el dinero. ¿Tienes un presupuesto? ¿Vives dentro de tus posibilidades? ¿Cómo puedes administrar mejor tus recursos financieros?

El alma

Ésta es la habitación más importante de la «casa del yo» porque alberga tu mayor tesoro: Dios. Para cuidar de esta habitación debes prestar atención a tu relación con Dios y a cómo quiere Dios que trates a los demás. En este lugar encuentras tu verdadera identidad, la raíz de tu valía personal, el sentido y la finalidad de tu vida. Puedes embellecer esta habitación tratando de descubrir de qué modo mejorar tu relación con Dios. En el capítulo 8 te ofrecemos varias sugerencias.

Prueba esto

Anota tus respuestas en el esquema general:
¿Qué te gustaría mejorar en tu vida espiritual?
¿Por qué? ¿Cómo? ¿Cuándo?

Ejemplo

Qué: Me gustaría profundizar en mi relación con Dios.
Por qué: Por amor a Dios.
Cómo: Meditando cada día durante media hora.
Cuándo: A las siete de la mañana.

Marga estaba intranquila y nerviosa. Se quejaba constantemente de lo exigente que era su trabajo, de su estresante vida familiar y de sus numerosos achaques. Con ella vimos qué estrategias podía emplear para superar la ansiedad, controlar el estrés y mejorar la salud. Este planteamiento la ayudó, pero cuando de verdad mejoró fue cuando afrontamos sus necesidades espirituales: decidió dedicar un rato cada mañana a la meditación cristiana, y poco a poco se fue centrando, aprendió a controlar sus pensamientos y sentimientos. Su progreso espiritual influyó en su salud física. Ahora está descubriendo que el cuidado diario de esta habitación de su casa está teniendo un gran impacto positivo en el resto de su vida.

Los amigos

Lo que caracteriza una amistad verdadera es la reciprocidad. Los amigos son importantes no sólo porque pueden ayudarnos en situaciones de necesidad, sino sobre todo porque las amistades nos permiten desarrollar nuestro verdadero yo. Uno puede descubrir realmente quién es cuando es capaz de entregarse a otros de un modo profundo y transparente. Esto ocurre con los amigos porque te aceptan y te valoran tal como eres y te dicen lo que piensan de ti con honestidad y respeto. La reciprocidad de la amistad brinda la seguridad psicológica necesaria para expresar nuestra interioridad.

¿Cuántos amigos de verdad tienes? ¿Cuánto tiempo pasas con ellos normalmente? Mucha gente no tiene los amigos íntimos que, según estudios, son necesarios (de siete a diez) para estar sanos y hacer frente con éxito a la enfermedad y a los principales factores estresantes de la vida. El correo electrónico, el teléfono móvil y la vídeotecnología hacen cada día más fácil que contactemos con nuestros amigos cuando no podemos verlos personalmente. Mira a ver cuánto tiempo, energías y capacidades inviertes a la semana en cultivar o hacer nuevas amistades.

La salud

La salud no depende tanto de lo mucho que sepas,
sino más bien de los hábitos saludables que hayas incor-
porado a tu estilo de vida. Cada día nos bombardean con
información sobre qué comer, cómo hacer ejercicio y evitar riesgos en la salud. Examina cómo atiendes tus necesidades físicas. En el capítulo 6 también hablaremos de la
buena salud mental.

Probablemente estarás hecho un lío con tanta información contradictoria que recibes sobre dietas. Tu salud
depende de una buena alimentación, no de la última dieta. Los estudios sugieren que una alimentación sana incluye generalmente:

— Al menos 5 raciones al día entre frutas y hortalizas
— 8 vasos de agua al día
— Una cantidad razonable de cereales integrales, pasta y pan
— Pescado rico en grasas omega-3 al menos 3 veces por semana
— Carne roja no más de 3 veces por semana
— De 20 a 30 gramos de fibra al día
— Alimentos con poca grasa, sodio y azúcar
— Evitar grasas parcialmente hidrogenadas
— Reducir o eliminar la cafeína, el alcohol y los refrescos

¿Tienes que mejorar tu alimentación? Selecciona un aspecto cada vez e incorpóralo a tu estilo de vida. Vigila las cantidades que comes o bebes. El año pasado nosotros pasamos de tomar varias tazas de café con leche al día a beber agua y té verde. Ahora no sólo nos sentimos mejor físicamente, sino que con el dinero ahorrado hemos comprado un proyector nuevo para los seminarios que impartimos.

¿Con cuánta frecuencia haces ejercicio? No es preciso que te apuntes a un gimnasio o gastes en equipamiento caro para emprender y mantener un plan de ejercicio, que podría incluir:

— *Estiramientos* para reducir la tensión muscular, aumentar la flexibilidad, mantener la movilidad de las articulaciones, mejorar la circulación y prevenir lesiones. Haz estiramientos durante las fases de calentamiento y de enfriamiento, antes y después de otros ejercicios físicos.

— *Ejercicios aeróbicos* para fortalecer el sistema cardiovascular y aumentar la resistencia, como por ejemplo caminar deprisa, correr, montar en bicicleta, bailar, bañarse, limpiar la casa o cuidar del jardín.

— *Ejercicios para fortalecer* los músculos *y proteger* las articulaciones. Por ejemplo: levantamiento de peso, abdominales, flexión de brazos y de rodillas.

Antes de empezar cualquier tabla de ejercicios, consulta al médico para decidir la frecuencia, intensidad y duración apropiada a tu estado de salud.

¿Cuántas horas necesitas dormir? La mayoría de los adultos necesitan una media de 8 horas seguidas. ¿Cuál es tu media? A lo mejor puedes sacar más horas de sueño si ves menos la televisión o dedicas menos tiempo a Internet. Concéntrate en el ejercicio, el sueño o cualquier otro aspecto de la salud e intenta integrar cambios permanentes en tu estilo de vida. El objetivo no es hacer ajustes temporales o cambios superficiales, sino sacar el máximo partido de la energía física y disfrutar de buena salud. La clave del éxito es empezar por cambios graduales y realistas y perseverar en ellos.

Prueba esto

Anota tus respuestas en el esquema general:
¿Qué te gustaría mejorar de tu salud?
¿Por qué? ¿Cómo? ¿Cuándo?

Ejemplo

Qué: Me gustaría mejorar mi estado físico.
Por qué: Porque valoro mi salud.
Cómo: Voy a pasear media hora al día.
Cuándo: A las 7 de la mañana.

Fran se consideraba una persona sana: hacía ejercicio a diario y llevaba una buena dieta, pero combatía el estrés comiendo todo tipo de dulces y viendo cualquier cosa en la TV o navegando por Internet cuando llegaba a casa del trabajo. Los kilos que ganó le trajeron a la memoria recuerdos dolorosos de su infancia, cuando se burlaban de él por su peso. Decidió que «zapear» y navegar por Internet eran una pérdida de tiempo que le hacían sentirse vacío y le quitaban horas de sueño. Comenzó a practicar técnicas para reducir el estrés, sustituyó los dulces por algún tentempié más saludable y empezó a dedicar a actividades familiares el tiempo que antes perdía viendo la TV. Además, empezó a dormir 8 horas por las noches. Con estos pequeños cambios ganó mucho en confianza en sí mismo, buena imagen y salud general. Ahora controla el estrés en lugar de que el estrés lo controle a él, y tanto él como su familia disfrutan más unos de otros.

Formación continua

Muchas de las cosas que hemos aprendido cuando estudiábamos pueden haberse quedado obsoletas. Las nuevas nociones y los constantes avances tecnológicos requieren que pongamos continuamente al día nuestros conocimientos profesionales. Habrá quienes tengan que ampliar estudios o sacarse un título nuevo, pero otros muchos lo que necesitan es otro tipo de formación continua, sea oficial o no.

Infórmate de seminarios, opciones de cursos por Internet, libros, vídeos o cursos personalizados a tu alcance para poner al día tus conocimientos. Muchas veces estas actividades sirven para mejorar las capacidades profesionales, pero también pueden abrirnos a otros temas que nos interesen. A mucha gente especialista en temas técnicos les interesa saber más de historia, de literatura, de teología, de la Biblia, de otras culturas, de otras lenguas o de aficiones que tengan. Alimentar tu mente con nuevos conocimientos puede mejorar tu forma de pensar y de actuar.

Prueba esto

Anota tus respuestas en el esquema general:
¿Qué te gustaría mejorar en tu formación continua?
¿Por qué? ¿Cómo? ¿Cuándo?

Ejemplo

Qué: Me gustaría aprender más sobre la Biblia.
Por qué: Porque quiero profundizar en mi fe.
Cómo: Voy a asistir a un grupo de estudio de la Biblia.
Cuándo: Los miércoles de 8 a 9 de la noche.

La comunidad

Todos formamos parte de distintas comunidades: el barrio, la ciudad, la provincia, la región, el Estado y la familia humana. En cada una de ellas, pequeña o grande, somos vitales e insustituibles y tenemos cada uno nuestra propia aportación que dar.

Hay personas que se apuntan a una asociación o proyecto que les interesa, a veces como voluntarios; otras ofrecen su tiempo en la parroquia o invierten sus talentos y recursos en promover la justicia y la paz a escala nacional o internacional. Las posibilidades son ilimitadas. Nadie puede dar lo que tú puedes dar. Cada vez que haces algo para ayudar a otros que lo necesitan, creces como persona.

Prueba esto

Anota tus respuestas en el esquema general:
¿Qué te gustaría mejorar en tu comunidad?
¿Por qué? ¿Cómo? ¿Cuándo?

Ejemplo

Qué: Me gustaría ayudar a los que pasan hambre en mi comunidad.
Por qué: Porque su vida vale tanto como la mía.
Cómo: Trabajando como voluntario en mi iglesia o comunidad.
Cuándo: Los domingos por la mañana.

Mantén el equilibrio

Para llevar una vida equilibrada y administrar bien tu tiempo, necesitas tres habilidades esenciales:

1. *Tu visión general*: Establece metas personales que reflejen tus valores.

2. *Tu ritmo de vida*: Haz un programa semanal que refleje tus metas.

3. *Disfrutar de la vida*: Vive el momento presente según tu programa.

El primer paso consiste en establecer *la visión general* de tu vida: acabas de recorrer las habitaciones de la «casa del yo» y hay que decidir las mejoras necesarias en cada habitación. La vida no consiste en realizar tareas, sino en administrar tu tiempo de acuerdo con tus valores. Primero tienes que definir tus metas personales. Puedes establecer metas a corto plazo (mensuales) y metas a largo plazo (anuales). Las metas son las mejoras que has identificado según tu visión. Por ejemplo: fortalecer los lazos de amistad.

El segundo paso es establecer *tu ritmo de vida*: un horario semanal que asigne a cada habitación el tiempo apropiado. Este horario sólo tiene siete categorías, que son los siete aspectos de tu vida. No todos los aspectos requieren el mismo tiempo: hay aspectos que requieren un apunte diario y otros que necesitan figurar una vez a la semana; pero este horario no es una lista de «cosas que hacer», sino más bien tu ritmo de vida, que te ayuda a centrarte en lo importante y favorece un crecimiento personal continuo y equilibrado. Revísalo una vez a la semana si hace falta. *La clave está en procurar invertir todas las semanas en cada uno de los aspectos.* Ve probando hasta determinar cuánto tiempo es necesario para cada categoría. Es igual que afinar un instrumento antes y después de tocarlo. Cada mes, más o menos, puedes revisar tu horario semanal y hacer los ajustes necesarios. Colócalo en un lugar visible hasta que te lo sepas de memoria o llévalo contigo en la agenda.

Susana y Daniel estaban pasando una mala racha porque no encontraban tiempo para estar juntos y comunicarse debido a los horarios tan apretados de cada uno. Veían que se estaban dedicando a cumplir una interminable lista de quehaceres y a la vez perdiéndose lo mejor de sus vidas: disfrutar el uno del otro y de sus dos hijos. Hasta que se les ocurrió un «plan diario 30x30x30». Programaron 30 minutos de meditación (salud espiritual), 30 minutos de ejercicio (salud física) y 30 minutos de comunicación entre ellos (salud emocional). Podría parecer que no hay tiempo para esto *todos los días*, pero, siendo flexibles y creativos, vieron que eran capaces de cumplirlo sin descuidar otros aspectos de su vida.

El tercer paso es *disfrutar de la vida en el presente*: vive el momento presente según tu horario. En primer lugar has decidido cómo mejorar en tu vida (tus metas personales), luego has establecido cuándo hacerlo (tu horario), y ahora puedes centrarte en vivir el momento presente según lo programado. Haz lo que toca en cada momento como si hubieras nacido exclusivamente para hacer eso, sin lamentar lo que no has hecho en el pasado y sin preocuparte de lo que te queda por hacer en el futuro. Céntrate en cada actividad como si fuera especial, porque le estás entregando tu vida, y ese momento no volverá a existir.

Isabel, una ejecutiva de éxito, impartía seminarios sobre cómo hacer más cosas en el menor tiempo posible. Llevaba consigo su oficina virtual en sus viajes de negocios por todo el país. Estaba orgullosa de su eficiencia, pero su matrimonio y su salud estaban pagando un alto precio: su esposo no veía muy claro el futuro de su matrimonio, y ella seguía aumentando y cambiando su medicación para «dar la talla», tal como se esperaba de ella en el trabajo. Su vida era como un tren desenfrenado a punto de descarrilar. Tenía miedo de destruir lo que más valoraba. Debía cambiar completamente: en lugar de dedicarse a organizar una serie de tareas, era cuestión de aprender a organizar el tiempo. Entonces dio un repaso a las siete habitaciones de su casa y reconoció que la única que funcionaba bien era la del trabajo. El resto de la casa necesitaba dedicación e inversión. Respondió a las cuatro preguntas que hemos explicado en páginas anteriores y elaboró una nueva visión, motivación, estrategia y horario para cada habitación. La última pregunta, sobre el horario semanal, la plasmó en una simple hoja de papel que definía claramente en qué iba a invertir el tiempo cada semana y cuáles eran las tareas más importantes. Así fue como empezó a experimentar una nueva visión y un nuevo ritmo de vida. Está aprendiendo a parar el tiempo viviendo en el presente sin contaminarlo con acciones que no corresponden a ese momento, y ya se han visto beneficiados tanto su matrimonio como su salud y su trabajo.

6. La salud mental

La salud mental requiere la capacidad de fijar la mente en lo que es importante y eliminar pensamientos «tóxicos». Cuando tu mente está desenfocada sueles reaccionar ante lo que te sucede en lugar de decidir cómo quieres vivir, y dedicas el tiempo a resolver crisis o dejas que lo que parece urgente te impida hacer lo que es realmente importante.

Tu mente se ve constantemente invadida por pensamientos involuntarios que alteran tu visión de otras personas y de ti mismo. Son pensamientos tóxicos que distorsionan tu interpretación de la realidad y provocan sentimientos y actitudes negativas. Tu modo de pensar determina cómo te sientes y lo que haces.

Los pensamientos tóxicos son tan dominantes que tenemos que desarrollar «antídotos» mentales para sustituirlos cuanto antes por pensamientos positivos. Lo cual no significa repetirnos a nosotros mismos afirmaciones positivas, sino más bien fijar la mente en lo que queremos y valoramos.

En nuestro «inventario de pensamientos tóxicos» exponemos diez de los más comunes. Respondiendo a este inventario podrás ver con qué frecuencia te quedas en ellos. Más adelante suministraremos los antídotos. En cuanto te des cuenta de que tienes un pensamiento tóxico, haz como si hubieras agarrado un carbón ardiendo: arrójalo inmediatamente y sustitúyelo por su antídoto. Probablemente necesitarás practicar este ejercicio cientos de veces al día. Varios de nuestros clientes han plastificado la hoja con los «antídotos para pensamientos tóxicos» y la tienen a mano para poderla consultar. Cuanto más practiques los antídotos, más libertad mental tendrás. Tu salud mental mejorará cada vez que sustituyas un pensamiento tóxico por su antídoto y pongas en práctica lo que el antídoto sugiere.

INVENTARIO DE PENSAMIENTOS TÓXICOS

Marca la respuesta que mejor refleje con qué frecuencia utilizas estas habilidades con tu pareja:

1: Nunca   2: Poco   3: A veces   4: Bastante   5: Casi siempre

1. Me fijo más en lo negativo que en lo positivo
....1 2 3 4 5

2. Pienso en términos de «todo o nada»,
«siempre o nunca»... 1 2 3 4 5

3. Tomo decisiones según cómo me siento en ese momento
.... 1 2 3 4 5

4. Pienso en los demás de un modo crítico....... 1 2 3 4 5

5. Me preocupa el futuro y todo lo que puede
salir mal.. 1 2 3 4 5

6. Exagero la importancia de las cosas................ 1 2 3 4 5

7. Me siento impotente, incapaz de decidir....... 1 2 3 4 5

8. Adivino los motivos de los demás.................. 1 2 3 4 5

9. Encasillo a las personas aunque no las
conozca bien... 1 2 3 4 5

10. Doy más importancia a cumplir tareas que a
relacionarme bien con las personas................. 1 2 3 4 5

ANTÍDOTOS PARA PENSAMIENTOS TÓXICOS

Pensamientos tóxicos	Antídotos
El filtro negativo (Fijarse sólo en lo negativo)	Fíjate en lo que hay de positivo
Todo o nada (Pensar de forma extremada, rígida y global)	Piensa en cambios específicos y graduales para mejorar la situación
Razonamiento emocional (Interpretaciones o decisiones basadas en tus sentimientos)	Toma decisiones basadas en tus valores
Criticar / culpar (Juzgar a los demás)	Adapta tus expectativas, asume tu responsabilidad y practica la asertividad
Preocuparse (Vivir con miedo al futuro)	Distingue lo que depende de ti, decide cuándo vas a hacerlo y vive el momento presente
Dramatizar (Exagerar la importancia de los hechos)	Juzga la importancia de un hecho según tus valores
Hacerse la víctima (Pensar que no tienes alternativas)	Elige tu modo de pensar, tus objetivos, tus expectativas y cómo tratar a los demás
Hacer suposiciones (Adivinar los motivos de los demás)	Pregúntales a los demás sus motivos
Poner etiquetas (Encasillar negativamente a los demás)	Etiqueta los comportamientos, pero no a las personas
Ser legalista (Dar más importancia a las tareas que a las personas)	Preocúpate primero de las personas y luego de las tareas

Veamos más despacio estos pensamientos tóxicos para que te sea más fácil sustituirlos lo antes posible. Si fallas, no te desanimes: habrás perdido una oportunidad, pero puedes comenzar de nuevo y mejorar. Vamos a describir detalladamente cada pensamiento tóxico, así como su antídoto. Si quieres, puedes apuntar tus propios pensamientos tóxicos según los ejemplos que presentamos y entrenarte en sustituirlos por su antídoto.

El filtro negativo

Usas el filtro negativo cuanto tu mente presta atención selectiva a lo negativo que hay en ti, en otras personas o en hechos externos. Cualquier persona o acontecimiento tiene elementos positivos y negativos, pero el filtro negativo hace que te fijes sólo en esto último y distorsiones la realidad. Es como llevar gafas oscuras, que te hacen ver el lado oscuro de las cosas y pasar por alto lo positivo.

Este tipo de pensamiento tóxico puede hacer que emplees mucho tiempo, energías y recursos tratando de eliminar lo negativo con la idea de que así serás feliz. Pero *la felicidad no está en reducir lo negativo sino en aumentar lo positivo.*

Antídoto contra el filtro negativo

Fíjate en lo positivo que hay en una persona
o en una situación.

Ejemplo

Pensamiento tóxico: «¡Qué mujer tan crítica!».
Antídoto: «También es honrada, fiel y generosa».

Todo o nada

Es cuando piensas en términos rígidos o extremos, cuando ves la vida en blanco o negro o usas palabras como «siempre» o «nunca». En realidad, hay pocas cosas en la vida que sean así; la mayoría de los hechos y de los modos de actuar obedecen a múltiples causas. Piensa en cómo puedes aumentar o reducir la probabilidad de que suceda una cosa u otra.

Antídoto contra «todo o nada»
Piensa en cambios específicos y graduales
para mejorar la situación.

Ejemplo

Pensamiento tóxico: «Él nunca se preocupa de lo que necesito».

Antídoto: «Le voy a pedir que dediquemos media hora por la noche a hablar de cómo ha ido el día».

Jorge tenía depresiones: pensaba que todo le iba mal en la vida, que nunca se iba a poner mejor y que él tenía la culpa. Pensaba que ciertos hechos negativos habían arruinado todos los aspectos de su vida para siempre y que todo era culpa suya. Afortunadamente, aprendió a sustituir estos pensamientos tóxicos por sus antídotos; aprendió a mirar la vida de un modo específico, no global, y comenzó a dar pequeños pasos para poner en marcha cambios significativos. Al principio se sentía abrumado y sin fuerzas para emprender todos los cambios necesarios para mejorar su vida, hasta que decidió realizar un pequeño cambio que estaba a su alcance, y luego otro y otro. Con el tiempo se dio cuenta de que lo que él llamaba fracasos personales eran momentos de adversidad, algunos causados por factores que estaban fuera de su control. Una vez que detectó los aspectos sobre los que tenía control y comenzó a actuar sobre ellos, su sensación de impotencia se disipó.

Razonamiento emocional

Este tipo de pensamiento tóxico te lleva a tomar decisiones basadas en tus emociones del momento. Los sentimientos son importantes, pero, como hemos dicho en el capítulo 1, son inestables y se ven afectados por muchos factores que están fuera de tu control inmediato. Una decisión sólida se basa en tus valores esenciales, que perduran a través de las circunstancias y del tiempo y reflejan tu identidad más íntima. Probablemente la experiencia te haya demostrado que siempre que tomas una decisión basándote en tus valores te sientes satisfecho. Después de todo, lo que te define verdaderamente son los valores que motivan tus actos.

A Verónica le costaba perdonar a Miguel porque había tratado mal a sus padres en una reunión familiar, así que se fue distanciando de él y ahora estaba esperando a que se le pasara el resentimiento para intentar de nuevo comunicarse con él como antes. Cuanto más esperaba a que desaparecieran sus sentimientos, más vueltas le daba al incidente y peor se sentía con Miguel. Finalmente se dio cuenta de la toxicidad de su forma de pensar y, como lo que más le importaba era su relación con Miguel, decidió iniciar una comunicación sincera y perdonarlo. Le expresó lo que sentía y Miguel le pidió perdón, tal como ella esperaba. Tomar decisiones de acuerdo con sus valores no significaba reprimir sus sentimientos; al contrario, sirvió para que sus sentimientos fuesen comprendidos y respetados.

Criticar y echar la culpa

Nos referimos a la crítica no constructiva, como cuando juzgas a tu pareja sin amor. Es fácil culpar a tu pareja de un hecho negativo en vez de intentar comprender los múltiples factores que han podido ocasionarlo o contribuir a él. Este tipo de crítica es una de las fuerzas más destructoras del matrimonio, porque crea espíritu de división. También puede llevarnos a justificar nuestra decisión de no amar, y entonces la relación empieza a deteriorarse.

Para que funcione este antídoto, comienza por adaptar las expectativas que tienes sobre tu pareja. Lo primero es aceptar la capacidad actual de tu pareja y tener expectativas realistas. Por ejemplo, si tu pareja raramente juega con los niños durante la semana, lo realista es pedirle que pase media hora jugando con ellos una o dos noches, hasta que poco a poco se convierta en algo cotidiano.

Un antídoto para no echarle la culpa es asumir la responsabilidad de que tú también has podido contribuir a crear un problema mutuo. Lo cual no siempre es fácil, porque puede que no hayas hecho nada negativo, sino que has dejado de hacer algo positivo. Si no se te ocurre nada que puedes haber hecho para evitar o atenuar el problema, pregúntale a tu pareja; en muchos casos el otro te lo dirá.

La crítica es un modo de intentar evitar que tu pareja haga algo que no quieres, pero es más efectivo comunicar lo que deseas mediante la asertividad. En el capítulo 9 veremos cómo practicarla. Una estrategia sencilla es detenerte antes de expresar una crítica y preguntarte: «¿Qué deseo que haga?». Una vez que sepas la respuesta, pídeselo en forma de invitación respetuosa.

Preocuparse

La preocupación hace que tu miedo al futuro contamine el presente. A veces hay que planificar el futuro, pero preocuparse es más que planificar; es tratar de controlar el futuro pensando en todo lo que puede salir mal, en un intento inútil de controlar las cosas que están más allá de tu influencia.

Las preocupaciones roban el presente y apartan tu atención de lo que debería estar ocupándola en ese momento. La energía que gastas inútilmente preocupándote por algo que está fuera de tu control es comparable a un pasajero que no deja de caminar dentro de un avión en pleno vuelo pensando que así llegará antes a su destino.

Si crees que puedes controlar el futuro pensando en él obsesivamente o con rituales compulsivos, acabarás aumentando tu ansiedad al ver que no lo consigues. Cuando te preocupes por algo, piensa en primer lugar *qué* es lo que depende de ti; luego decide *cuándo* vas a hacer la parte que te corresponde; después céntrate en hacer lo que tienes que hacer en ese momento presente y deja en manos de Dios todo lo que no depende de ti con renovada confianza en su providencia para contigo y tus seres queridos. Si tu ansiedad te impide cumplir tus responsabilidades básicas, busca ayuda profesional.

Antídoto contra la preocupación

Mira a ver qué depende de ti,
decide cuándo vas a hacer tu parte
y céntrate en vivir el momento presente.

Ejemplo

Pensamiento tóxico: «Me preocupa mi salud».
Antídoto: «Voy a tomar alimentos más sanos y a hacer ejercicio diariamente a las 7 de la mañana. Y ahora voy a jugar con los niños».

Dramatizar

Consiste en darle una importancia desproporcionada a ciertos hechos o reaccionar de modo exagerado ante los acontecimientos. Más vale que determines la importancia de un hecho según criterios o valores objetivos, porque si no, podrías acabar resolviendo una crisis detrás de otra, afrontando lo que crees que es urgente y olvidando lo que es importante.

Los clientes con enfermedades graves nos han enseñado a ver las cosas en perspectiva. Un cliente mostró su sabiduría al decir: «Siempre valoro la importancia de un hecho según su impacto en mi vida eterna».

Antídoto contra el dramatizar
Juzga la importancia de un hecho según tus valores.

Ejemplo
Pensamiento tóxico: «Discutimos demasiado. Seguro que nuestro matrimonio no tiene futuro».

Antídoto: «Todas las parejas pasan por momentos difíciles. Podemos buscar ayuda profesional y aprender técnicas para resolver conflictos».

A Cecilia le preocupaba el distanciamiento emocional de Enrique y su falta de interés por ella, y se quejaba de que pasaba la mayor parte del tiempo absorto en sus pensamientos y raramente los compartía con ella. Interpretó su distanciamiento como un índice de que él no era feliz en su matrimonio y comenzó a prepararse psicológicamente para el divorcio. Enrique veía su matrimonio de un modo muy diferente: reconocía que era muy introvertido y que le costaba expresar lo que pensaba o mostrar interés por Cecilia, pero quería superarse. También nos dijo que estaba preocupado por la recesión en su empresa, pero no quería inquietar a Cecilia. A través del diálogo ella se dio cuenta de lo mucho que los dos valoraban su matrimonio y de que ambos querían mejorar, pero tenían que aprender a comunicarse mejor. Empezaron a dedicar media hora por las noches a hablar entre ellos. Enrique sigue siendo reservado, pero no distante.

Hacerse la víctima

Es renunciar a tu capacidad de cambiar algo o tomar decisiones. Quizá dejas que las experiencias negativas te convenzan de que, hagas lo que hagas, nada va a cambiar, o que tus acciones no sirven para nada. No dejes que las experiencias negativas del pasado te impidan tomar buenas decisiones en el presente.

Cuando piensas y actúas con impotencia, distorsionas la realidad, porque supones que todo va a salir siempre mal y que tú tienes la culpa. En realidad las cosas a veces salen mal debido a factores que no dependen de ti. Hay muchos aspectos de tu vida que puedes controlar: puedes establecer tus propias metas, decidir cómo interpretar lo que ocurre en tu vida, tus expectativas sobre los demás y cómo responderles, incluso a los que no te hayan tratado bien.

Todos pasamos por momentos de tristeza o depresión, generalmente debido a hechos dolorosos, como la pérdida de un ser querido o de un bien valioso. Son sentimientos normales, y podemos superarlos con nuestros recursos, el apoyo de que disponemos o ambas cosas. Si sientes cierto nivel de depresión que te incapacita para desempeñar tus deberes básicos, busca la ayuda de un experto en salud mental.

Hacer suposiciones

A veces uno se cree que puede leer la mente de otras personas o llegar a conclusiones sobre sus motivos. Este tipo de pensamiento tóxico puede dañar seriamente un matrimonio. Cuando das por supuestos motivos negativos en el comportamiento de tu pareja, cuestionas su integridad moral y su dignidad. Este tipo de pensamiento tóxico puede provocar daño emocional, desconfianza y pérdida de respeto, y bloquear el proceso de solución de un conflicto.

Cuando quieras saber por qué tu pareja ha actuado de un modo determinado, pregúntaselo directamente y con respeto, sin acusar, con un sincero deseo de entender, y no para condenar a tu pareja o para luego contraatacarla.

Antídoto contra las suposiciones

Pregúntale al otro sus motivos.

Ejemplo

Pensamiento tóxico: «Lo ha hecho para vengarse por lo que le hice ayer».

Antídoto: «Me gustaría saber por qué has hecho eso».

Rubén decidió no hablar a Silvia durante varios días por no haber hecho una cosa que le había pedido. Decía: «Ha querido herirme. Si se preocupara por mí, habría hecho lo que le pedí». Cuando le preguntó sobre el asunto, ella replicó: «No sabía que te importaba tanto. No lo hice para hacerte daño; es que tenía otras cosas más urgentes en la cabeza». Ahora él está dispuesto a preguntarle a Silvia antes de suponer sus intenciones.

Poner etiquetas

Consiste en clasificar a las personas según estereotipos negativos. Esta modalidad de pensamiento tóxico te hace generalizar los comportamientos de algunas personas, lo cual reduce a etiquetas negativas la visión general que tienes de ellas. Cuando el poner etiquetas se lleva al extremo, puede degenerar en prejuicios de raza, de religión, de sexo, de edad, de tendencia política, de situación socioeconómica o de raíces culturales.

También ponemos etiquetas cuando definimos a nuestra pareja con calificativos ofensivos o motes para humillarla. Cuando veas que tu pareja hace cosas negativas, define su comportamiento, no su persona. Lo de evitar poner etiquetas es especialmente importante en los matrimonios cuyos miembros proceden de raíces étnicas, religiosas o socioculturales diferentes.

Antídoto contra las etiquetas
Pon etiqueta al comportamiento, no a la persona.

Ejemplo

Pensamiento tóxico: «¡Eres muy perezoso!».
Antídoto: «Me molesta mucho que esperes hasta el último momento para hacer algo».

Rosa se quejaba de que Walter se preocupaba más de su trabajo que de su familia. Walter se defendía diciendo que ella pretendía que actuase como un hispano y que debería aceptar su cultura alemana. Los dos seguían poniéndose etiquetas basadas en estereotipos culturales y dejaron de verse como personas. Hasta que poco a poco dejaron de utilizar las etiquetas como arma y empezaron a hablar de expectativas de comportamiento con respeto y de un modo personal. Apreciando sus diferencias y aprendiendo a comportarse el uno con el otro con más sensibilidad y respeto, transformaron su diversidad cultural en un enriquecimiento mutuo.

Ser legalista

Supone reducir la vida a una serie de normas y obligaciones. Con los años, hay matrimonios que parecen más un contrato que una alianza. Uno queda atrapado en el pensamiento legalista cuando usa palabras como: «deberías» o «tendrías que». En todo matrimonio hay obligaciones y expectativas, pero son medios para alcanzar un fin. El fin es amarse mutuamente. Las parejas que ven su relación como un reparto de tareas o como un medio para desempeñar funciones eficazmente, terminarán por comprobar que su matrimonio va para atrás.

Cuando una pareja define el matrimonio principalmente como una lista de reglas y deberes, el amor verdadero languidece y la vida familiar se puede convertir en una cárcel emocional. Necesitamos recuperar «el espíritu de la ley» y recordar que las tareas están al servicio de las personas y no viceversa. El valor de cualquier tarea está en el amor con que se realiza.

Antídoto contra el legalismo
Preocúpate primero de tu pareja
y luego de la tarea.

Ejemplo

Pensamiento tóxico: «Primero tenemos que terminar esta tarea, y después ya hablaremos».

Antídoto: «¿Necesitas algo antes de que empecemos esta tarea?».

Liberarse de expectativas irrealizables

Estar mentalmente en forma requiere eliminar no sólo los pensamientos tóxicos, sino también las expectativas irrealizables. ¿Es realista lo que esperas de los demás? Si no lo es, tú mismo te puedes causar frustración, ira, resentimiento, estrés o infelicidad. Es un error muy corriente creer que ser realista significa aspirar a menos y conformarse con la mediocridad y el estancamiento. Hay gente que teme aceptar a los demás tal como son por miedo a que no cambien nunca y que interpreten la aceptación como aprobación. En realidad, uno puede aceptar el nivel actual de madurez del otro sin tener por qué aprobar todas sus acciones o estar de acuerdo con todo lo que dice.

He aquí algunos ejemplos de expectativas irrealizables. Mira a ver si descubres alguna en ti.

—*Tengo que eliminar de mi vida a la gente «difícil»*

Aquí no estamos hablando de tu pareja, sino de las personas que te complican la vida. Según el índice de personas que tienen problemas psicológicos, estrés, disfunciones familiares y trastornos de salud, se estima que al menos el 25% de las personas que uno se encuentra durante el día pueden ser personas «difíciles». Tarde o temprano, también tú le resultarás «difícil» a alguien.

Así pues, es bastante realista esperar que una de cada cuatro personas con las que tratas sea difícil. La gente difícil no se puede eliminar o evitar; hay que aprender a relacionarse con ellas de forma saludable. En los capítulos 9, 10 y 11 ofrecemos estrategias para conseguirlo.

— Tengo que ser capaz de cambiar a mi pareja

Esta expectativa irrealizable nos afecta más de cerca. Es una de las intenciones ocultas más comunes en la gente que vive un matrimonio difícil. Piensan que serán felices si consiguen cambiar algún comportamiento negativo de su pareja y, después de años intentándolo sin resultado, algunos buscan ayuda profesional pensando: «Si yo no puedo cambiar a mi cónyuge, tal vez pueda el terapeuta». No es la primera vez que un cónyuge arrastra al otro a la terapia con la expectativa irrealizable de que el terapeuta cambie a su pareja tanto si quiere como si no. Tal fue el caso con un marido que, mientras su esposa estaba en otra habitación, le dijo a John al oído: «¡Le pagaré lo que sea si consigue cambiarla!». La propuesta era tentadora, pues aquel hombre ganaba millones; pero John le preguntó: «¿Cuánto está dispuesto a pagar si cambia usted?». El cliente se quedó de piedra y replicó: «No soy yo el que tiene el problema aquí. No sé en qué debería cambiar». Y John: «¿Por qué no le preguntamos a ella?». Cuando volvió la mujer, John le dijo: «A su marido le gustaría saber si hay algo en lo que él pueda cambiar para que mejore su matrimonio». Antes de que terminara la frase, ella sacó del bolso una lista que había escrito la noche anterior pero que aún no le había enseñado a su marido. Al final eligieron un par de conductas que él admitió que podía mejorar, y ella también escuchó las sugerencias de su marido. En cuanto dejaron de intentar cambiarse el uno al otro y empezaron a cambiar ellos mismos por amor, su matrimonio empezó a mejorar visiblemente.

Tu pareja cambiará cuando ella lo decida. Pero habrá más probabilidades de que lo haga si te muestras dispuesto a cambiar tú por amor a ella.

— Tengo que ser un cónyuge perfecto

Las expectativas irrealizables sobre uno mismo pueden hacernos pensar que nuestro amor debería ser perfecto y constante. Sin embargo, lo realista es aceptarse uno mismo con las propias imperfecciones y límites y estar dispuestos a empezar de nuevo cuando fallamos. Lo de llegar a ser maestros en el arte de amar a nuestra pareja nos llevará toda la vida. Deberíamos redefinir la «perfección» como «mejoría continua».

Cuando dejes de amar a tu pareja como tenías planeado, en vez de quedarte en ese fallo, vuelve a empezar con más humildad y decisión. Haz frente al fallo como parte necesaria del éxito, entendido éste no en términos de «todo o nada», sino como una mejoría gradual. Cada vez que vuelves a empezar te vuelves más fuerte y más humilde. Eso de pensar que no deberías fallar nunca es engañoso y arrogante. Un fallo en el amor a tu pareja es mejor considerarlo como una oportunidad perdida. Pero reconoce que en el presente tienes otra oportunidad de amar.

Imagínate el matrimonio como una casa que estás construyendo día a día. Los días en que dejas de amar, dejas de construir. Cuando decides amar otra vez, no necesitas volver a levantar toda la casa desde los cimientos; no hay más que seguir desde donde lo dejaste. Lo que ya has construido por amor no se destruye ni queda suprimido por un fallo. Cuanto más practiques el volver a empezar, más ágil te vuelves y más rápidamente aprendes a empezar otra vez.

Una de las diferencias entre las personas espiritualmente inmaduras y las maduras es que las primeras se desaniman fácilmente por sus propios fallos y le dan muchas vueltas a la cabeza, mientras que cuando la gente madura tiene un fallo personal, vuelve a empezar mucho más rápidamente y centra su pensamiento en los demás, no en sí mismo.

Estos ejemplos de expectativas *realistas* ilustran algunas verdades básicas sobre el comportamiento humano:

— *En todas las personas coexisten lo positivo y lo negativo*
Debes estar dispuesto a encontrar ambas cosas en todo el mundo, incluidos tu pareja y tú.

— *Lo positivo vale más que lo negativo*
Un kilo de oro no es lo mismo que un kilo de basura.
Busca el oro en tu pareja con la seguridad de encontrarlo.

— *Lo negativo no borra lo positivo*
Cualquier acción positiva que se hace por amor queda para siempre. Aspira a construir sobre los cimientos sólidos de lo positivo que ya hay.

— *Lo positivo desplaza lo negativo*
Un acto de amor puede llenar el vacío de una carencia. En vez de pretender quitar lo negativo, dedícate a promover lo positivo y verás reducirse lo negativo.

En el capítulo 12 hablamos de la «alquimia divina», que puede transformar todo lo negativo en positivo.

7. Quítale estrés a tu vida

Antes de seguir leyendo, dedica un momento a responder al siguiente «Cuestionario sobre el estrés».

CUESTIONARIO SOBRE EL ESTRÉS

Marca la respuesta que mejor refleje con qué frecuencia utilizas estas habilidades con tu pareja:

1: Nunca   2: Poco   3: A veces   4: Bastante   5: Casi siempre

1. Todos los días tomo alimentos sanos, fruta y verdura...1 2 3 4 5

2. Bebo 8 vasos de agua al día...........................1 2 3 4 5

3. Duermo entre 7 y 8 horas todas las noches..1 2 3 4 5

4. Hago media hora diaria de ejercicio físico programado...1 2 3 4 5

5. Practico ejercicios diarios de respiración profunda..1 2 3 4 5

6. Practico técnicas de relajación muscular todos los días..1 2 3 4 5

7. Al menos una vez a la semana practico actividades recreativas 1 2 3 4 5

8. Cambio rápidamente los pensamientos tóxicos por otros sanos 1 2 3 4 5

9. Tengo expectativas realistas sobre los demás y sobre mí..1 2 3 4 5

10. Me fijo metas a corto plazo en las distintas áreas de mi vida..1 2 3 4 5

11. Sigo un horario semanal que equilibra mi vida 1 2 3 4 5

12. Vivo en el presente sin preocuparme del futuro 1 2 3 4 5

13. Llevo una vida sencilla dentro de mis posibilidades 1 2 3 4 5

14. Mantengo ordenado mi ambiente de trabajo y mi casa..1 2 3 4 5

15. Todas las semanas dedico tiempo a cultivar las amistades...1 2 3 4 5

16. Práctico técnicas de comunicación efectivas .1 2 3 4 5

17. Consigo resolver conflictos sin que haya perdedores 1 2 3 4 5

18. Expreso a los demás, sin quejarme, cómo quiero que me traten...1 2 3 4 5

19. Cuando alguien me critica, trato de comprender su expectativa 1 2 3 4 5

20. Hago media hora de meditación al día............1 2 3 4 5

21. Mi vida tiene una meta y un sentido claros..1 2 3 4 5

22. Soy capaz de perdonar y de reconciliarme con los demás 1 2 3 4 5

23. Vivo una espiritualidad que me ayuda a superar el dolor 1 2 3 4 5

Presta especial atención a las cuestiones en las que has marcado 3 o menos puntos. La mayoría de las técnicas contra el estrés que se refieren a cada una de estas cuestiones se explican por sí mismas o se tratan en varias secciones de este libro.

En tu vida siempre habrá algo de estrés, porque forma parte de la lucha cotidiana con los cambios y retos que comporta: físicos, psicológicos, sociales y espirituales. Tu salud general depende de la capacidad que tengas para manejarlo, para eliminar el estrés autoinducido y llevar una vida sana y equilibrada. Las estrategias que has de aplicar abarcan toda tu persona: cuerpo, pensamientos, estilo de vida, emociones, relaciones y alma.

Una de las principales fuentes de estrés para todo el mundo en la sociedad actual, incluidas las parejas, es la cultura del exceso. Para contrarrestarla necesitamos ejercitar la opción constante y voluntaria de simplificar nuestra vida. Sencillez no significa privación o austeridad, sino liberarse de cosas superfluas y de hábitos insanos: disfrutar de lo que tenemos en vez de desear más; preocuparse por los demás y por nuestro entorno común. El secreto para vivir con sencillez descansa en cuatro máximas:

—*Dona a obras benéficas lo que no usas o no necesitas.*

— *Compra solamente lo que necesites y puedas permitirte.*

— *Comparte con los demás lo que tienes.*

— *Lleva un estilo de vida respetuoso con la naturaleza.*

Dona a obras benéficas lo que no usas o no necesitas

Una vez a la semana o al mes, revisa toda la casa y saca del garaje, de los armarios, del trastero o de los cajones todo lo que no hayas usado en meses o ya no necesites. Todo lo que esté en buen uso dalo a una institución benéfica.

Un día, John llegó a casa del trabajo y se encontró la entrada del garaje llena de objetos suyos de todo tipo. Al principio se alegró de que Claire se hubiese puesto a hacer una limpieza a fondo. Cuando le preguntó qué pensaba hacer con todas esas cosas, ella respondió: «Se las vamos a dar a los pobres». La sorpresa de John se volvió inquietud: «¿Qué quieres decir? Todo esto son cosas mías. ¿Desde cuándo tomas decisiones unilaterales sobre mis cosas?». Claire replicó que no había usado nada de eso desde hacía por lo menos un año. Él repuso: «¡Sí, pero nunca se sabe cuándo me pueden volver a hacer falta!». Siguieron discutiendo hasta que John sintió un leve tirón en los pantalones. Su hijo de seis años, Paul, intentaba llamar su atención. Al mirarlo, el niño le dijo: «Papá, tú siempre estás hablando de compartir con los pobres; pues ¡ésta es tu oportunidad!». La candidez y la veracidad de la afirmación de Paul lo desarmaron. Al día siguiente, un camión de la Sociedad de San Vicente de Paúl se lo llevó todo: herramientas, libros, aparatos, muebles y equipo electrónico. Han pasado años y nunca hemos echado en falta nada de aquello.

Se estima que de todas las cosas que poseemos, una cuarta parte son superfluas. La mayoría de nosotros se pone menos de la mitad de la ropa que guarda en los armarios. Examina tu casa y haz un montón con todo lo que no usas y que esté en buenas condiciones, lo que tienes repetido o lo que ya no necesitas, y dáselo a una institución de caridad. Nosotros lo hacemos todos los meses.

Compra sólo lo que necesites y puedas permitirte

Vive dentro de tus posibilidades económicas, o mejor, por debajo de tus posibilidades. Haz un presupuesto mensual. Durante el año 2000, en Estados Unidos los consumidores gastaron un 24% de sus ingresos en cosas necesarias, un 56% en modelos nuevos de algo que ya tenían y un 20% en objetos de lujo. Mucha gente va semanalmente a un centro comercial sin intención de comprar nada en concreto. Ve a la tienda cuando necesites comprar algo y no caigas en la tentación de comprar artículos rebajados que realmente no necesitas. No conviertas el ir de compras en un modo de entretenerte o de relajarte.

Comparte lo que tienes

Promueve una «cultura del compartir» que contrarreste nuestra cultura dominante de consumo privado. Haz lo posible por conocer a tus vecinos y a tu comunidad. Ofréceles tus recursos, bienes, talentos e intereses personales que puedan serles útiles.

Mira a ver cómo puedes compartir con los demás cosas como herramientas, libros, juguetes, utensilios domésticos o del jardín, material escolar o coches. Nosotros solemos mirar a nuestro alrededor y preguntarnos: «¿Qué otra persona podría usar esto?». No siempre lo regalamos, pero sí lo ofrecemos a otras personas para que lo usen. Unos amigos nuestros han creado una «cooperativa de utensilios» entre familias vecinas, que comparten sus enseres de casa y de jardín.

El bien más preciado es el tiempo. ¿Con quién puedes compartirlo además de con tu familia? En Estados Unidos, la media de tiempo dedicada a la hospitalidad ha disminuido de seis a una hora al mes en la última década. ¿Cuánto tiempo dedicas tú a la hospitalidad? Conocemos un grupo de gente que ha creado una «cooperativa para cuidar niños», de modo que los padres tengan tiempo para pasarlo juntos en pareja. Y otro ha creado una «cooperativa para cuidar ancianos», de modo que los adultos que cuidan de sus padres ancianos tengan tiempo como pareja y como familia.

Otra idea es compartir tus conocimientos enseñando, echando una mano o dando clases particulares a alguien que no puede pagar: tan sencillo como enseñar a hacer reparaciones caseras o tan exigente como ayudar a un parado a buscar trabajo. Piensa en quién puede beneficiarse de lo que tú sabes.

Por último, comparte tu tiempo con gente interesada en aprender más sobre la vida espiritual. Por ejemplo, puedes dar catequesis, comprometerte en la parroquia, ayudar a conocer la Biblia o participar en un grupo cristiano.

Lleva un estilo de vida respetuoso con la naturaleza

Todos somos interdependientes. Los recursos del planeta son de todos. Trata de contaminar lo menos posible, de reducir los residuos y ahorrar energía. Ciertos cambios en tu estilo de vida pueden tener un impacto positivo en muchas personas.

8. El alma de la autonomía

Con frecuencia medimos nuestra valía personal según nuestros éxitos, especialmente en una cultura que cataloga a la gente por lo que hace. Lo que hacemos debería expresar quiénes somos, y no al revés.

La valía personal brota del alma, que es la que guía y da sentido a tu vida. El alma es la fuente de energía espiritual que te trasciende y te une con los demás.

El alma de la autonomía, su centro espiritual, es la presencia de Jesús dentro de ti: «Ya no vivo yo, sino que es Cristo quien vive en mí» (Ga 2, 20). ¿Cómo puede crecer la presencia de Jesús en ti de modo que seas más como Él? Jesús se definió a sí mismo como el camino, la verdad y la vida. Tú puedes tenerlo a Él como modelo.

El camino: vivir la voluntad de Dios en el momento presente

Jesús es el camino para llegar al Padre. Nos hacemos más semejantes a Él cuando vivimos la voluntad del Padre en cada momento. Hacer la voluntad de Dios no significa cumplir un conjunto de normas, sino entablar amistad con Dios y dejar que nos enseñe el camino día tras día, momento a momento. Lo cual requiere plena confianza en que todo lo que Él quiere o permite que suceda puede llevarnos a una unión más profunda con Él.

Cuando un amigo nuestro le pidió a la Madre Teresa de Calcuta que le explicara cómo hacer la voluntad de Dios, ella le dijo: «La voluntad de Dios no es lo que se hace, sino lo que se es». Esta respuesta nos sugiere que Dios es amor y quiere que seamos amor como Él. Podemos hacer muchas cosas por amor a Dios, pero a Él le interesa ante todo que *seamos amor* como Él. En una ocasión, John se enfrentó a la posibilidad de una muerte inminente. Entonces comprendió de un modo dramático y vital que al final de nuestra vida lo único que le importa a Dios es cuánto hemos amado.

Un día, hace muchos años, estaba yo solo escalando en los Pirineos. Resbalé y me vi colgando de las yemas de los dedos a una altura de más de dos mil metros. Mi precario agarre no iba a durar mucho. Horrorizado, vi que iba a caer y estrellarme contra unas rocas que había abajo. Con la certeza de que me iba a matar, me pregunté con angustia qué sentido había tenido mi vida, y contemplé en un instante lo que yo consideraba como mis logros. La voz de Dios dentro de mí interrumpió mis pensamientos sobre mis logros académicos y profesionales: «Esos éxitos no son tu vida. Tu verdadera vida es lo que has vivido por amor a mí y a los demás; el resto no me interesa». Me sentí fracasado al haber empleado mi corta vida en una búsqueda del éxito vacía y sin sentido. Le pedí a Dios que me perdonase por no haber hecho lo único que a Él le importaba, e instantes después caí. Mientras caía, me sentí abrazado por la infinita misericordia de Dios. Inesperadamente un enorme arbusto espinoso del que no me había percatado frenó bruscamente mi descenso. Salí de él y conseguí llegar sano y salvo hasta abajo, donde unos amigos me estaban esperando. Se sorprendieron al ver mi cuerpo todo ensangrentado por los innumerables rasguños causados por las espinas y se admiraron de que mi rostro brillase con una alegría que ellos describieron como «radiante». Cuando les expliqué lo que había pasado, exclamaron: «¡Estás tan feliz por haberte librado milagrosamente de la muerte!». Pero yo repuse: «No. ¡Soy tan feliz porque he descubierto el sentido de la vida! El secreto de la felicidad es hacerlo todo por amor». Desde ese momento, al final de cada día recuerdo que lo que vale no es todo lo que haya hecho, sino cuánto haya amado.

Jesús resumió la voluntad de Dios en dos grandes mandamientos: amar a Dios con todo el corazón, el alma y la mente, y amar al prójimo como a uno mismo (Mt 22, 37). También nos dio otro mandamiento, nuevo, que Él llamó «suyo»: «Éste es mi mandamiento: que os améis unos a otros como yo os he amado» (Jn 15, 12). Podemos estar seguros de hacer la voluntad de Dios cuando vivimos estos mandamientos.

En el capítulo 5 presentamos las siete habitaciones de la «casa del yo». Dios quiere que te preocupes por esta «casa» que Él te ha confiado. Tienes que comprender cuánto tiempo quiere Dios que dediques semanalmente a cada habitación. El *tiempo* es el regalo de la vida que Dios nos da. El tiempo no es nuestro; es suyo, y nosotros tenemos que administrarlo bien. Desde esta perspectiva siempre hay tiempo suficiente para hacer la voluntad de Dios.

Por ejemplo, está claro que Dios quiere que trabajemos mientras podamos, pero ¿cuántas horas a la semana? Lo mismo vale para el tiempo que dedicamos a la familia, a la vida espiritual, a los amigos, a la salud, a la formación y a la comunidad. Nuestro horario semanal asigna un tiempo a cada una de las siete habitaciones para recordarnos en todo momento dónde quiere Dios que estemos. Una vez que nos encontramos en la habitación que corresponde a ese momento, veamos qué actividad es la más importante en ese momento. Por último, cualquier cosa que hagamos, hagámosla sólo por amor. Cuando programamos así nuestra vida, sentimos la presencia de Dios dentro de nosotros. Revisemos, coordinemos y adaptemos de vez en cuando nuestro horario semanal para equilibrarlo según lo que hemos comprendido juntos que es la voluntad de Dios para nosotros.

Cuando vives la voluntad de Dios en el momento presente por amor, Jesús vive en ti. Esta visión unifica una vida agitada y fragmentada y la convierte en una vida que da gloria a Dios y alegría a los demás. Vivir con equilibrio no vale simplemente para que te sientas a gusto, sino para transformar tu vida en la obra maestra que Dios tenía pensada cuando te creó. Para ello, deja tu pasado en la misericordia de Dios, deja tu futuro en la providencia de Dios y echa raíces en la voluntad de Dios del momento presente.

La verdad: encarnar la Palabra de Dios

La verdad no es un concepto, sino una persona: Jesús,
la Palabra del Padre. Tu vida es auténtica cuando escu-
chas sus palabras, las vives y compartes sus frutos con los
demás.

— *Escuchar la Palabra*

Dios te ha creado con un designio de amor exclusivo.
Una de las mejores maneras de descubrir ese designio comienza por escuchar su voz, generalmente durante la meditación diaria. Mucha gente parece no entender en qué
consiste la meditación o cómo dedicarle tiempo. La meditación es una conversación íntima y amorosa con Dios en
la que dejamos que hable sobre todo Él.

Nosotros hemos descubierto lo importante que es
comenzar el día meditando. Cada uno de los dos medita
a solas durante media hora. En ese rato escuchamos lo
que Dios quiere de nosotros ese día. Comenzamos la meditación poniéndonos en la presencia de Dios, vaciando
nuestra mente de preocupaciones, recuerdos, imágenes o
pensamientos inoportunos; vaciando nuestra voluntad de

cualquier deseo y vaciando nuestro corazón de cualquier apego a otras personas. Centramos nuestra atención en la presencia amorosa de Dios, acallando todo dentro de nosotros y a nuestro alrededor para estar totalmente atentos a Él.

Cuando estamos preparados para escuchar su voz dentro de nosotros, abrimos la Sagrada Escritura o un libro de espiritualidad y lo leemos pausadamente. En cuanto una palabra o una frase nos toca el alma, dejamos de leer y comenzamos a dialogar con Dios, escuchando sus sugerencias sobre cómo ponerlo en práctica. Concluimos la meditación con un propósito práctico para el día, basado en el mensaje principal que hemos recibido durante la meditación. Generalmente lo escribimos en nuestra agenda para acordarnos mejor de cómo vivir ese día. Llevamos años meditando sobre las Escrituras, pero cada vez descubrimos alguna nueva perla de sabiduría que brinda luz y fuerza a nuestra jornada. Para nosotros, la meditación es un descubrimiento inagotable del amor personal de Dios y nos ayuda a entender cómo amarlo a Él y a los demás.

— *Vivir la Palabra*

A lo largo del día ponemos en práctica el propósito de nuestra meditación, tratando de «encarnar» las palabras de Dios, pensando, sintiendo y actuando como Jesús lo haría en nuestro lugar. Escuchar las palabras de Dios es como plantar una semilla. Cuando las vivimos, la semilla crece y da fruto. La única manera de comprender el significado de las palabras de Jesús es vivirlas. Comprender sus palabras no es más que el principio: cuando *somos* esas palabras, descubrimos una nueva vida: Jesús vive en nosotros.

— Compartir los frutos

Después, en el momento oportuno, con personas que viven nuestra fe o quieren conocerla, compartimos las experiencias de haber puesto en práctica la Palabra de Dios. Las experiencias que no compartimos pueden marchitarse o desvirtuarse; las que compartimos por amor pueden transformar a la persona que las recibe. Para nosotros es una alegría cuando personas que han asistido a una de nuestras charlas nos dan las gracias por el impacto positivo que hemos producido en su vida. Muchos dicen que lo que ha transformado su vida, más que las ideas que presentamos, son las experiencias que compartimos. Creemos que esas experiencias manifiestan la obra de Dios en nuestra vida. Es esa presencia divina, no nosotros, la que los ha tocado.

Prueba esto
Dedica media hora al día a la meditación.
Escucha la palabra de Dios, vívela durante el día
y comparte sus frutos con los demás.

La vida: el arte de amar cristiano

La presencia de Jesús dentro de nosotros transforma nuestras vidas y nuestras relaciones, pues Él nos enseña a amar de un modo típicamente suyo, con unas características que lo distinguen. Aquí vamos a reflexionar sobre cuatro de ellas: Jesús tomó la iniciativa en el amor, amó a todos, amó de modo concreto y amó hasta el final. También nosotros podemos amar del mismo modo que Jesús. «El amor de Dios ha sido derramado en nuestros corazones por el Espíritu Santo que nos ha sido dado» (Rm 5, 5).

— *Toma la iniciativa en el amor*

«Amemos, porque Él nos amó primero» (1 Jn 4, 19).

Nosotros manifestamos nuestra dignidad y libertad de hijos de Dios cuando tomamos la iniciativa en el amor incondicional por los demás. El tomar la iniciativa de amar a tu pareja y a todas las demás personas que encuentras crea las mejores condiciones para la reciprocidad. Cada vez que decides ser el primero en amar experimentas la libertad y la alegría de dar incondicionalmente.

— *Ama a todos*

«Él murió por todos, para que ya no vivan para sí los que viven, sino para aquel que murió y resucitó por ellos» (2 Co 5, 15).

Jesús amó a todos y murió por todos, incluidos sus enemigos. El amor cristiano trasciende las barreras que solemos poner en nuestras relaciones debido a preferencias personales o heridas del pasado. Claire cuenta una experiencia de cuando estudiaba en Israel, en la que sintió vivamente esta dimensión del amor cristiano.

> Un día volvía de la tienda de la esquina cuando oí bullicio. Delante de mí estaban discutiendo un estudiante judío y un joven árabe, y al momento se congregó un grupo de estudiantes y de gente del pueblo, empezaron a gritarse y a lanzarse piedras. Este tipo de sucesos hicieron que mi

vida cambiase aquel año. Nuestras experiencias nos llevaron, a mis compañeros de curso y a mí, a pensar cómo podíamos mostrar de un modo palpable el amor de Dios por todos, a pesar del odio y el miedo que veíamos. Vivir el amor de Dios significaba amar a cada persona que encontrásemos sin tener en cuenta su raza, religión o ideas políticas. Nos esforzamos por llevar el amor donde no lo había y vimos y experimentamos muchas heridas cicatrizadas. Me di cuenta más que nunca de que la voluntad de Dios era amar a cada persona que encontrase.

Cuanto más te pones a amar a cada persona que encuentras a lo largo del día, más aumenta tu capacidad de amar a tu pareja. Las necesidades de cada persona que encuentras estimulan tu capacidad de amar, y cuando llegas a casa por la noche te será más fácil amar a tu pareja y a tu familia. Pero si no amas a cada persona que encuentras durante el día te faltará la energía, la flexibilidad y el aguante necesario para afrontar los retos que te esperan en casa.

Cuando decidimos amar a la persona que está a nuestro lado, sucede algo nuevo: dejamos que Dios intervenga en nuestra vida de un modo inesperado, y Él nos indica el camino.

— *Ama de modo concreto*

«El hijo del Hombre no ha venido a ser servido, sino a servir y dar su vida como rescate por muchos» (Mt 20, 28).

Jesús demostró su amor con acciones concretas dirigidas a servir a los demás.

El amor por tu pareja es real cuando es concreto y visible. En el capítulo 4 explicamos que el último paso de la empatía es siempre un comportamiento concreto en beneficio de tu pareja. Muchas parejas necesitan más actos de amor inteligente. Uno puede pensar que llega a casa para descansar después de un duro día de trabajo; sin duda, tendrás que encontrar tiempo para descansar, pero sin dejar de amar. Cada vez que practicas actos de empatía, éstos te darán energía y nuevas fuerzas. Y en muchos casos se verán recompensados.

— *Ama hasta el final*

«Nadie tiene mayor amor que el que da su vida por sus amigos» (Jn 15, 13).

Jesús dio su vida libremente por nosotros. Su amor revela la intensidad y la constancia que nuestro amor debería tener. ¿Hasta dónde estás dispuesto a demostrar que amas a tu pareja? Todos los días, cuando estamos a punto de llegar a casa de vuelta del trabajo, cada uno de nosotros se prepara para encontrar al otro y a nuestro hijo. Antes de entrar en casa nos preguntamos: «¿Estoy dispuesto a dar mi vida por ellos?». Sólo después podemos afrontar lo que encontremos dentro, pues cualquier cosa que nos pidan es menos de lo que estamos dispuestos a dar. Es como firmar un cheque en blanco y dejar que la otra persona escriba la cantidad. Mientras estemos dispuestos a dar la vida el uno por el otro, nadie podrá dejar al descubierto nuestra cuenta.

En el alma de la autonomía, lo espiritual conecta con lo psicológico. Vivir la voluntad de Dios en el momento presente equilibra todos los ámbitos de nuestra vida; vivir la Palabra de Dios libera nuestra mente de pensamientos tóxicos; vivir el arte de amar cristiano hace que nuestra vida sea un don para los demás.

Prueba esto

Concéntrate cada semana del mes
en una característica del amor cristiano:
En la primera semana voy a tomar la iniciativa en el amor.
En la segunda semana voy a amar
a cada persona que encuentre.
En la tercera semana voy a amar de modo concreto.
En la cuarta semana voy a amar hasta el final.

Tercera parte

La reciprocidad:
el gozo de la unidad

El matrimonio no sólo requiere empatía y autonomía, sino también reciprocidad, la cual tiene tres componentes: la comunicación, la solución de conflictos y el poder sanador del perdón y de la reconciliación. Es decir, requiere integrar el «tú» y el «yo» en un «nosotros» creativo. Estas tres dimensiones no están aisladas como unidades independientes, sino que interactúan. Cuando no hay empatía se pierde el «tú», y una relación sin el «tú» no puede convertirse en un «nosotros». Cuando uno de los dos miembros carece de autonomía, a la relación le falta un «yo». La reciprocidad requiere integrar el «tú» y el «yo» en la interdependencia trascendente del «nosotros».

Es corriente que personas con poca capacidad de empatía (muy independientes y con tendencias narcisistas) atraigan a personas con poca capacidad de autonomía (dependientes e inseguras). Una pareja así cree tener una buena relación porque el miembro dependiente, en general, evita el conflicto a toda costa. Sin embargo, cuando este miembro inseguro adquiere confianza en sí mismo y más autonomía, normalmente empieza a separarse del compañero centrado en sí mismo. Los matrimonios sanos prestan atención al mismo tiempo a las dimensiones del «tú», del «yo» y del «nosotros».

9. El arte de la comunicación

El matrimonio se fortalece cuando los cónyuges se comunican de verdad. La comunicación no está reservada a momentos especiales. No es la guinda de la tarta, sino la tarta. ¿Cómo podéis llegar a ser uno realmente si no compartes tu vida y tu alma con el otro y el otro contigo? La escasa comunicación acarrea conflictos innecesarios y convierte el matrimonio en una serie interminable de problemas que hay que resolver o en un reparto de tareas y responsabilidades que no nos satisface.

El arte de comunicar incluye compartir, escuchar y dar una respuesta (*feedback*). Además provoca la comprensión y el aprecio mutuos, que llevan a uno de los elementos de un matrimonio realizado: la unidad en la diversidad. Comunicarte con tu pareja es algo gratificante. Desgraciadamente, muchas parejas reducen la comunicación entre ellos a resolver problemas. Muchas veces decimos: «Quiero hablar contigo», cuando estamos queriendo decir: «Tengo un problema contigo y tenemos que hablar». La comunicación y la solución de conflictos son procesos diferentes con objetivos distintos. La comunicación sirve para que crezca el entendimiento recíproco y la unidad, mientras que la solución de problemas sirve para afrontar un conflicto y provocar un cambio de comportamiento.

Cada pareja debería tener tiempo todos los días para hablar de sus vidas. Generalmente, la comunicación está relacionada con compartir las vivencias de cada uno. Es importante que los dos estén de acuerdo en evitar conflictos durante estas conversaciones. A no ser que haya algo urgente, los conflictos sin resolver deberían tratarse en el espacio semanal reservado a resolver problemas (de este tema nos ocuparemos en el capítulo 10) con vistas al futuro. En él la pareja acuerda los cambios de conducta necesarios para resolver un conflicto.

El siguiente cuestionario examina 13 habilidades esenciales para la comunicación.

CUESTIONARIO SOBRE LA COMUNICACIÓN

Por favor, marca la respuesta que mejor refleje con qué frecuencia utilizas estas habilidades de comunicación con tu pareja:

1: Nunca   2: Poco   3: A veces   4: Bastante   5: Casi siempre

1. Antes de comunicar, veo si mi pareja está dispuesta a escuchar 1 2 3 4 5

2. Comunico experiencias personales significativas 1 2 3 4 5

3. Expreso mis sentimientos sin desahogarme. 1 2 3 4 5

4. Comunico con brevedad.............................1 2 3 4 5

5. Escucho con toda atención e interés 1 2 3 4 5

6. Escucho con respeto, aceptando a mi pareja tal como es...1 2 3 4 5

7. Trato de comprender sin pensar en mi respuesta 1 2 3 4 5

8. Escucho sin interrumpir 1 2 3 4 5

9. Me aseguro de que mi pareja se sienta comprendida 1 2 3 4 5

10. Valoro verbalmente lo que mi pareja ha comunicado...1 2 3 4 5

11. Respondo positivamente a lo que mi pareja ha comunicado...1 2 3 4 5

12. Hago preguntas relevantes sobre lo que mi pareja ha comunicado 1 2 3 4 5

13. Siento que mi pareja me comprende 1 2 3 4 5

Veamos ahora detalladamente cada una de estas habilidades de comunicación.

Antes de compartir, comprueba que tu pareja esté dispuesta a escuchar

La elección del momento puede facilitar la comunicación o impedirla. La comunicación debe ser espontánea, pero no impulsiva. Iníciala en un momento oportuno o pregúntale a tu pareja cuándo le parece bien hablar. Eso ayuda a dedicarle el tiempo que los dos consideréis apropiado para poder dialogar cada día. No programes otras actividades en ese rato. No tengas prisa. La comunicación es como compartir una buena comida. Correr o forzarla puede echar a perder ese momento. Si tu pareja no puede escucharte cuando a ti te gustaría que lo hiciera, busca otra ocasión. Si te da la sensación de que tu pareja nunca encuentra el momento adecuado para escuchar, trata de descubrir la razón que se esconde detrás de su evasión.

Comparte pensamientos, sentimientos y experiencias significativas

A veces las parejas caen en el hábito de darse las noticias del día o de hablar de la gente que han visto, pero olvidan compartir el significado que ha tenido para ellos. El que comparte de verdad comunica el significado que ha tenido para él lo que ha vivido y las personas que ha visto, o pensamientos y sentimientos personales. Las parejas con años de convivencia probablemente conocen de memoria muchas de las noticias sobre sus vidas en el trabajo y en casa, pero no pueden saber lo que cada día ha significado a no ser que lo compartan. La importancia que un hecho tiene para uno mismo es el plato principal de la «comida», mientras que los demás datos—quién, cómo, dónde y cuándo—no son más que la guarnición. Hay parejas que podrían pasarse todo el día juntos viendo lo que cada uno ha hecho ese día, y quedarse sin saber qué ha sido lo más relevante. Cuando compartes algo significativo estás compartiendo tu vida íntima con tu pareja.

Comparte tus sentimientos sin desahogarte

Antes de hablar reflexiona sobre lo que vas a decir, y comunícalo de modo atrayente. La «comida» que vas a servir debe estar bien preparada y ser apetitosa. Por ejemplo, en lugar de soltar las frustraciones del día nada más llegar a casa, aprovecha el trayecto de vuelta para reflexionar sobre lo más importante del día y ver qué sentido ha tenido para ti.

Los sentimientos hay que compartirlos, no «descargarlos» el uno sobre el otro. Hay gente que piensa que pueden soltar sentimientos negativos con tal de hablar sólo de sentimientos propios, sin echarle la culpa al otro. Puedes compartir sentimientos negativos si también comunicas cómo piensas superarlos, sin desahogarte y sin echar la culpa al otro. Por ejemplo, en vez de decir simplemente: «Estoy muy preocupado por mi trabajo», puedes decir: «Estoy preocupado por mi trabajo, y por eso he pensado hacer lo siguiente…». Compartir una comida cruda y sin sabor seguramente impedirá o disminuirá la comunicación.

Selecciona lo que vas a decir y comunícalo brevemente

Hay gente que comunica con todo lujo de detalles, y su pareja pierde el interés antes de que termine. Mayor cantidad no tiene por qué ser mejor. Si le das a alguien una buena comida en pequeñas dosis, generalmente pide más. Sin embargo, si sirves más de lo que el otro desea, se lo pensará dos veces antes de aceptar otra invitación a comer.

Muchas parejas con buena comunicación establecen una media hora al día de comunicación profunda. Si te cuesta encontrar tiempo, quítaselo a ocupaciones menos vitales, como ver la televisión o navegar por Internet. La comunicación es un momento precioso de intimidad, mucho más valioso que otras actividades triviales a las que dedicamos nuestro tiempo.

Tu capacidad de escucha ayuda a tu pareja a comunicarse mejor. Es más difícil escuchar que hablar. A continuación veremos cómo llegar a ser un experto en saber escuchar.

Pon toda tu atención e interés

Podríamos resumir lo que es escuchar en cuatro pasos: vaciarse de ti mismo, aceptar a tu pareja, comprender y escuchar sin interrumpir.

El primer paso para escuchar es vaciarte de tus pensamientos, sentimientos o planes mientras tu pareja te está hablando. Una de las mejores maneras de vaciarte es prestarle a tu pareja la mayor atención e interés cuando está hablando. Vaciarse, que es una forma de negarse a uno mismo, requiere una decisión consciente. Cuanto más fijas tu atención e interés en el otro, menos piensas en ti y mejor comunicará tu pareja. El grado de atención que le prestas demuestra lo importante que es tu pareja para ti. Si desea hablar contigo y no puedes prestarle toda la atención, dile tú en qué momento es mejor.

Demostrar atención e interés no sólo con palabras, sino mirando a los ojos, adoptando una buena postura y mostrando gestos de interés genuino, dan prueba de un amor exquisito y profundo.

Acepta lo que te dice aunque no estés de acuerdo

El segundo paso en la escucha es aceptar al otro tal y como es en ese momento. Demuéstrale a tu pareja que aceptas las diferencias entre los dos y que estás dispuesto a tener en cuenta su punto de vista, sus sentimientos y experiencias sin juzgarlos, ridiculizarlos ni rechazarlos.

Algunas personas se quejan de que se sienten vulnerables cuando hablan con su pareja, por lo que se comunican con él lo menos posible o nada. Se sienten como ante un tribunal y les preocupa que todo lo que digan pueda volverse en contra de ellas.

Los gestos de la cara y la postura del cuerpo han de revelar apertura sincera y respeto a tu pareja. Antes hemos comparado el compartir con el prepararle a tu pareja una comida sana y atractiva. Ahora podemos comparar el escuchar con el saber recibir a tu pareja en casa. Hacer el vacío equivale a abrirle la puerta y hacerle sitio en tu vida. Aceptar al otro es hacer que tu pareja se sienta acogida por ti. Aceptar de verdad es saber disfrutar de tu pareja tal y como es.

Céntrate en comprender al otro, no en preparar tu respuesta

El tercer paso en la escucha es comprender al otro. Una vez que tu pareja se siente aceptada, céntrate en comprenderla. La aceptación incondicional es más que mera tolerancia; garantiza un entendimiento profundo porque revela tu deseo de aprender más sobre tu pareja. Esto requiere una actitud de admiración y de sincera curiosidad, mientras que lo contrario es creer que ya sabes todo lo que te hace falta. Si activas tu curiosidad, escuchar se convierte en algo atractivo y agradable.

Puedes tener la tentación de preparar tu respuesta mientras el otro está hablando, lo cual crea dos conversaciones simultáneas: lo que tu pareja está diciendo y la respuesta que tú estás preparando. La segunda conversación, silenciosa e interior, crea interferencias que te impiden comprender lo que tu pareja trata de decirte.

Escucha sin interrumpir

El último paso en la escucha es escuchar a tu pareja hasta que termine de hablar. Si interrumpes al otro se corta la comunicación. Sólo debes interrumpir cuando tienes otro compromiso que no te permite seguir escuchando. En ese caso, dile a tu pareja cuándo podéis seguir hablando.

Si le demuestras a tu pareja tu atención exclusiva, tu sincera aceptación, tu deseo de entenderla y tu interés continuo, te hablará con más libertad y profundidad.

Recuerda: vaciarte de ti mismo, aceptar a tu pareja, comprender y escuchar sin interrumpir.

Verifica que has comprendido lo que te ha dicho tu pareja

Indícale a tu pareja con palabras lo que has entendido. En muchas parejas, uno de los dos escucha sin rechistar y, cuando el otro ha terminado de hablar, pregunta: «¿Ya has acabado?», y entonces toma la palabra sin tener en cuenta el don que el otro le ha hecho.

Respóndele a tu pareja resumiendo brevemente el mensaje central que has escuchado y verifica que se ha sentido comprendida por ti. No hace falta que repitas sus mismas palabras; basta con que sintetices la idea principal que ha expresado. Esto le permitirá darse cuenta de que has comprendido o, en caso contrario, de aclarar lo que quería decir. Tu respuesta puede ser una breve frase o un comentario más elaborado, según lo que haya compartido tu pareja, pero en cualquier caso debe expresar tu gratitud por lo que ha compartido contigo.

Valora a tu pareja

Después de agradecer a tu pareja lo que te ha contado, valora su contenido; es decir, *valora las ideas, sentimientos y experiencias de tu pareja aunque no estés de acuerdo con ellos.* Puedes decir simplemente: «Me alegro de que hayas compartido esto conmigo porque me ayuda a comprenderte mejor». Es un error no darle importancia, trivializar o ridiculizar lo que te ha dicho. Tu pareja necesita sentirse valorada y comprendida.

Responde sin criticar

Si quieres hacer un comentario concreto, haz lo posible para que no te salga en forma de crítica. Es bastante frecuente dar consejos sin que nos los pidan, que por lo general sientan mal y hacen que la comunicación derive hacia la solución de problemas. Siempre puedes expresar el efecto positivo que ha tenido en ti lo que ha comunicado tu pareja.

Haz preguntas pertinentes

Lo que el otro comparte puede suscitar preguntas o deseos de saber más. Las mejores preguntas son las que requieren una respuesta elaborada, no las que se responden con un «sí» o con un «no». Una pregunta de sí o no, como «¿Te ha molestado?» puede acabar de un plumazo con el diálogo; por el contrario, una frase que requiere una respuesta abierta, como «Me gustaría saber por qué te ha molestado», suscita una mayor comunicación. El ciclo comunicativo estará completo cuando ambos hayáis podido compartir, escuchar y responder (*feedback*) y os hayáis sentido valorados y comprendidos.

10. Resolver conflictos con sabiduría y respeto

Muchos conflictos de pareja surgen por diferencias en el modo de pensar, de sentir o de querer hacer las cosas. Lógicamente también hay conflictos que se deben a situaciones patológicas y en estos casos recomendamos la búsqueda de asistencia profesional.

Las respuestas más comunes a un conflicto son pelearse, evadirse o sentirse atrapado. Cuando te peleas es porque pretendes ganar el conflicto e imponerle tus ideas o tu voluntad al otro. Esto sucede, por ejemplo, cuando echas la culpa al otro por el conflicto, cuando lo criticas, cuando tratas de humillarlo o ridiculizas sus ideas, sus sentimientos o sus conductas, cuando le quitas importancia a lo que el otro quiere y cuando usas cualquier forma de abuso verbal o físico.

Cuando evitas al otro, quiere decir que el miedo y la inseguridad te llevan a eludir el conflicto. Esto sucede, por ejemplo, cuando te alejas físicamente o emocionalmente del otro, cuando evitas dialogar con el otro, cuanto te aíslas o cuando das promesas falsas para que el otro te deje en paz.

Cuando te sientes atrapado es porque percibes que la gravedad del conflicto es superior a tus fuerzas y te sientes impotente. Por ejemplo, cuando respondes al conflicto haciéndote la víctima o te sometes pasivamente a lo que el otro pide sin comunicar tus necesidades o deseos.

Estos tres tipos de respuesta lo único que hacen es perpetuar o empeorar el conflicto. Aquí te sugerimos un proceso diferente que consiste en integrar vuestras diferencias con sabiduría y respeto. Es un proceso que consiste en comunicar con lenguaje asertivo vuestras necesidades y en escuchar al otro con empatía para comprender sus necesidades, valorarlas y darle lo que pide si es realizable. Estos son los principios generales de este proceso:

1. El primer paso es verificar que los dos tenéis control emocional (aunque todavía sintáis frustración o resentimiento) para poder dialogar con respeto y con calma en un momento que sea conveniente para los dos.

2. El que empiece el diálogo sobre un conflicto, necesita describirlo de forma concreta sin criticar al otro y sin quejarse. Por ejemplo, «Cuando tú... (describir la conducta del otro que causó el conflicto), yo me siento...» (describir el impacto emocional de esa conducta). Después de definir el problema hay que ofrecer una solución: «En el futuro yo prefiero que...» (ofrecer una solución que sea una conducta concreta, positiva y realizable).

3. El que escucha, responde incluyendo estas tres dimensiones de la empatía:

   a) Comprendiendo la necesidad o el deseo del otro. Por ejemplo, «si te entendí bien, en el futuro tú prefieres que yo..., ¿es así?»

   b) Valorando verbalmente lo que el otro pide, a no ser que sea algo inmoral o ilegal. Valorar no quiere decir que estás de acuerdo con lo que el otro pide, sino que estás dispuesto a amar al otro como el otro quiere ser amado. Por ejemplo, «Gracias por decirme lo que necesitas. Lo tendré en cuenta para que te sientas más feliz al respecto.»

c) Comprometiéndose a dar al otro lo que te pide de acuerdo a tus posibilidades. Comprometerse a un cambio de conducta positivo por amor al otro. Por ejemplo, «De ahora en adelante me comprometo a…» (Definir una conducta positiva que refleja lo que el otro te ha pedido)

Cuando se plantea un conflicto y su solución con asertividad y cuando se responde con empatía es posible integrar las diferencias con sabiduría y respeto.

El siguiente cuestionario identifica habilidades esenciales para resolver conflictos. Lo podéis usar como instrumento de diálogo sobre cómo mejorar las habilidades descritas en este capítulo.

CUESTIONARIO DE HABILIDADES PARA RESOLVER CONFLICTOS

Marca la respuesta que mejor refleje con qué frecuencia utilizas estas habilidades con tu pareja:

1: Nunca   2: Poco   3: A veces   4: Bastante   5: Casi siempre

1. Antes de intentar resolver un conflicto con mi pareja me aseguro de que ambos tenemos control emocional y nos hablamos respetuosamente 1 2 3 4 5

2. Cuando es mi turno para hablar, defino el conflicto describiendo conductas específicas del otro sin desahogarme, sin quejarme y sin criticar al otro.
.... 1 2 3 4 5

3. Comunico con asertividad lo que necesito. Por ejemplo, «En el futuro, prefiero que tu...» (definir una conducta concreta, positiva y realizable).
.... 1 2 3 4 5

4. Cuando escucho lo que el otro me pide, verifico que comprendí su necesidad. Por ejemplo, preguntándole: «En el futuro prefieres que yo..., ¿es así?»
.... 1 2 3 4 5

5. Valoro lo que el otro me pide, aunque no esté de acuerdo, porque valoro su necesidad o deseo y quiero que se sienta respetado por mí 1 2 3 4 5

6. Me comprometo a dar al otro lo que me pide, cuando sea realizable, para demostrarle concretamente mi amor
.... 1 2 3 4 5

Antes de querer resolver un conflicto, verifica que ambos tenéis control emocional y usáis un lenguaje respetuoso

Es normal que te sientas frustrado, enfadado, ansioso o deprimido cuando experimentas un conflicto importante con tu pareja. El primer paso es asegurarse de que ambos habéis recuperado el control emocional. Conviene enfocarse en soluciones positivas en vez de alimentar pensamientos negativos sobre la naturaleza del conflicto. Presta atención a los pensamientos tóxicos que describimos en el capítulo 6 (lo único que hacen es exacerbar los sentimientos negativos) para sustituirlos por sus correspondientes antídotos.

El practicar una actividad relajante también ayuda a calmar las emociones difíciles. Si fuese necesario, elige y practica una actividad que ayude a calmarte en ese momento. Dile a tu pareja cuánto tiempo necesitas antes de dialogar sobre el conflicto, para que no piense que le estás esquivando o estás evitando resolver el conflicto.

Quizás sientas la tentación de dejar de amar a tu pareja hasta que el conflicto se resuelva. Si te sientes herido, retirarle el amor a tu pareja parece una respuesta natural, pero la decisión de no amar te desgastará emocionalmente y te privará de la sabiduría que necesitas para encontrar una solución que no sea un compromiso temporal ineficaz.

Define el conflicto en términos de comportamiento

Quedarse absorbido por el conflicto, darle vueltas y vueltas en la cabeza y no definirlo en términos de comportamiento impide resolverlo.

Asumir motivos negativos en tu pareja es otro posible escollo. Es un pensamiento tóxico que puede llegar a destruir la visión positiva sobre tu pareja. Cuando atribuimos motivos negativos causamos un daño emocional y creamos un conflicto mayor: la falta de confianza.

Definir la solución en términos concretos, positivos y realizables

Uno de los mayores errores al intentar resolver un conflicto es no dar soluciones concretas, positivas y realizables y enfocarse en hablar solo del problema. Para resolver el conflicto se necesita comunicación asertiva y empatía. La comunicación asertiva elimina desahogarse, quejarse o criticar al otro como método para comunicar nuestras necesidades. Este es un ejemplo de cómo habló con asertividad una mujer al definir el conflicto que tenía con su pareja sobre cómo gastaba el dinero: «Cuando tú gastas más de…. (cierta cantidad de dinero) sin consultarme, yo me siento ansiosa sobre cómo vamos a pagar todas las facturas antes de fin de mes. En el futuro, yo prefiero que antes de gastar esa cantidad o más, lo consultes conmigo.».

Comprender lo que tu pareja necesita

La empatía en quien escucha elimina atacar, defenderse o hacerse la víctima al responder al otro. La mejor manera de verificar que hemos recibido claramente el mensaje es preguntarle al otro, usando nuestras propias palabras, si lo que hemos entendido es correcto. Esto evita que distorsionemos el mensaje recibido basado en nuestras interpretaciones sobre lo que el otro realmente necesita o desea. En el ejemplo anterior, él preguntó:

¿Estás pidiendo que de ahora en adelante si voy a gastar más de…, tú quieres que tomemos la decisión juntos?» Cuando ella le contesto «sí» quedó claro que comprendió su petición.

Valorar lo que tu pareja pide, aunque no estés de acuerdo

Es difícil valorar al otro cuando no estamos de acuerdo con él. Valorar no es estar de acuerdo, sino que es apreciar lo que es importante para el otro y mostrar que queremos que el otro se sienta amado de acuerdo a sus necesidades. Es una forma verbal de demostrar que respetamos al otro y buscamos su felicidad. Lógicamente nunca tenemos que valorar algo que es inmoral o ilegal pero casi nunca el otro nos va a pedir que vayamos en contra de nuestra conciencia. En el ejemplo anterior, el esposo le dijo «Si esto es tan importante para ti, ahora va a ser importante también para mí. Yo quiero que te sientas más en paz sobre nuestra economía». Naturalmente al oír esto ella se sintió no solo comprendida sino también valorada.

Comprometerse a dar al otro lo que el otro necesita si es realizable

Cuando nos comprometemos a practicar una conducta nueva o a mejorar una conducta existente para responder a la necesidad del otro, hacemos que el otro se sienta amado concretamente. Este tercer paso demuestra que tenemos un amor inteligente hacia el otro y que el conflicto se resolverá si ponemos en práctica nuestra promesa. Si lo que nuestra pareja nos pide no lo vemos realizable tal y como quiere, entonces debemos dialogar para definir lo que está al alcance de nuestras posibilidades o cuándo sería posible. Por ejemplo, podemos decir: «Me gustaría comprometerme a darte todo lo que pides, pero en este momento lo mejor que puedo ofrecerte al respecto es…». Si tu oferta es significativa sería un paso adelante para mejorar la situación. En el caso anterior, él se comprometió a incluir a su esposa en decisiones económicas por encima de una cierta cantidad y ella se lo agradeció. En pocos meses desarrollaron una economía común que eliminó sus previas ansiedades al respecto.

Con la práctica, el comunicar nuestras necesidades con asertividad y el responder con empatía (comprender, valorar y dar al otro lo que necesita) se convierte en el método más eficaz para resolver conflictos y promover crecimiento en la vida de unidad.

Comunicar tus necesidades con asertividad

¿Qué pensarías si te dijésemos que de ahora en adelante ya no tendrás que quejarte o criticar a tu pareja para comunicar lo que necesitas? No estamos diciendo que tengas que morderte la lengua y reprimir tus sentimientos; más bien queremos decir que quejarse o criticar no son modos eficaces para que tu pareja comprenda cómo quieres que te trate. La próxima vez que estés a punto de quejarte o criticar, practica en cambio la comunicación asertiva.

Hablar con asertividad no es simplemente saber comunicarse con un estilo directo y confiado. Nosotros consideramos como un fin primordial del lenguaje asertivo el desarrollar una mejor relación con el otro comunicando claramente cómo queremos ser tratados por el otro. Este tipo de lenguaje elimina las quejas y las críticas que sólo dicen al otro lo que tiene que evitar. Con el lenguaje asertivo comunicamos soluciones mientras que con las quejas y las críticas simplemente hablamos de problemas.

Muchas veces las relaciones no mejoran porque falta un proceso respetuoso de lo que en inglés se denomina «interpersonal coaching» que podríamos traducirlo aquí como «aprendizaje interpersonal». Es un proceso que incluye las siguientes tres etapas:

1. Practicar la aceptación radical del otro

> Cuando estás enojado con tu pareja es fácil volverse crítico y mantener una visión negativa del otro. Si te fijas solo en esos pensamientos negativos vas a experimentar una emoción negativa (por ejemplo, resentimiento, ansiedad, impotencia, etc.) que manifiestas con un lenguaje negativo o una conducta negativa. Para romper este ciclo negativo puedes practicar eliminar esos juicios negativos con la aceptación radical del otro tal y como es en ese momento con sus límites, imperfecciones, errores, etc. Aceptar no quiere decir dar la razón al otro, estar de acuerdo con el otro, evitar afrontar la realidad o resignarse pasivamente a una situación injusta. Aceptación radical quiere decir tener expectativas basadas en la realidad y amar al otro incondicionalmente. Una vez que has aceptado al otro tal y como es en ese momento puedes afrontar el segundo paso que consiste en comunicar de forma positiva lo que necesitas o deseas de tu pareja.

2. Comunicar tus necesidades con asertividad

Cuando hablas con asertividad estás usando un lenguaje positivo que comunica con claridad lo que quieres del otro. Es un lenguaje respetuoso que no usa amenazas, sarcasmo, manipulación (intentos de hacer sentir culpable al otro o en deuda contigo). Si en vez de comunicar tus necesidades con asertividad, usas las quejas o las críticas, lo más probable es que tu pareja se sienta juzgada, condenada o rechazada y que la relación sea más conflictiva o que tu pareja te evite y se aleje emocionalmente de ti.

El fin es mejorar la relación con el otro de forma gradual. Por ejemplo, una forma equivocada de comunicar tu necesidad de mejorar la comunicación con tu pareja sería decirle: «Eres muy egoísta, solo tienes tiempo para hacer lo que a ti te gusta y me tienes ignorada». En cambio, si hablas con asertividad, el mensaje sería: «Oye cariño, necesito que le dediquemos más tiempo a nuestra comunicación personal ¿cuándo estarías disponible?» El objetivo no es cambiar o controlar al otro, sino invitarle a que te trate como a ti te gustaría.

3. Valorar el progreso gradual

El último paso es saber apreciar el progreso gradual de tu pareja cuando responde a lo que le pides con asertividad. Una forma eficaz de mostrar aprecio al otro es decirle los sentimientos positivos que experimentas cuando el otro te trata como le has pedido. Es un proceso gradual que lleva su tiempo según lo que se pida. Es esencial que el otro se sienta libre psicológicamente de darte lo que pides, que su decisión sea voluntaria y que su motivación sea amarte como tú quieres ser amado.

Desarmar las críticas

A nadie le gusta que lo critiquen o que cuestionen su competencia o sus motivos, pero antes o después tu pareja hará comentarios críticos sobre ti. ¿Cómo debes responder a las críticas de tu pareja? Desarmándolas. La próxima vez que tu pareja te critique, en vez de defenderte, pregúntale: «¿Qué te esperabas de mí en esa situación?»

Tu pareja te critica cuando no satisfaces sus expectativas. Si te pones a defenderte, están centrándote en ti y no en lo que el otro quiere o necesita de ti. Cuando te comunique su expectativa, si es legítima, acéptala y dile cómo vas a satisfacerla. Si no es realista, dile lo que sería posible para ti para que el otro adapte sus expectativas a la realidad.

Muchas parejas nos han dicho que comunicándose con asertividad y desarmando las críticas han transformado sus relaciones tensas y conflictivas en relaciones de mayor paz, respeto y amor mutuo.

Ejercicio para desarmar las críticas

Piensa en una crítica de tu pareja que te puso a la defensiva y busca el momento apropiado para decirle a tu pareja lo siguiente: «Siento mucho que te hayas molestado cuando yo... Por favor, dime lo que esperabas de mí en esa situación.»

Responde a esa expectativa de modo realista y razonable. Si es algo legítimo, acéptalo y hazle saber que te comprometes a dárselo.

Si lo que el otro se esperaba de ti no te parece realista, hazle saber concretamente lo que sería posible para ti y cuándo sería posible. Por ejemplo, dile a tu pareja: «Gracias por decirme lo que te esperabas de mí. En realidad, esto es todo lo que puedo hacer al respecto... y esto es cuándo lo podría hacer... ¿estás interesado?» Si el otro no está interesado en lo que puedes ofrecer, comunica con calma que necesita ajustar sus expectativas a tu realidad.

Completa este ejercicio diciéndole a tu pareja con serenidad: «La próxima vez, en lugar de criticarme, dime simplemente lo que quieres de mí y yo te haré saber cómo y cuándo me será posible dártelo.»

11. La fuerza para perdonar y reconciliarse

Tarde o temprano, una falta de amor o un comportamiento indebido pueden causar dolor a tu matrimonio. En ese caso hay que activar la fuerza del perdón. Sin embargo, cuando uno es víctima de abusos o de infidelidad por parte de su cónyuge, le aconsejamos que pida ayuda profesional.

El perdón no es algo fuera de lo normal, sólo para momentos especiales, sino que forma parte de la vida cotidiana. Es imposible que dos personas se amen siempre perfectamente y nunca se digan ni hagan nada ofensivo. La unidad es un proceso dinámico que requiere entrega constante y recíproca. Ni que decir tiene que a veces este proceso se interrumpe. El perdón es esencial para construir la unidad en una pareja: nos permite ser auténticos, aceptarnos completamente el uno al otro y recomponer la unidad cuando se haya roto.

Hay muchas ideas erróneas sobre el perdón. Perdonar no es indultar, disculpar o justificar una injusticia. Cuando uno perdona, tiene que aunar misericordia y justicia, mencionando la injusticia cometida y pidiendo un cambio sincero y visible en el otro.

Perdonar no es seguir adelante eludiendo un conflicto con tu pareja. La única manera de avanzar es transformar la relación, no evitar el tema o separarte de tu pareja.

Perdonar no es volverte indiferente o acallar lo que sientes; al contrario, requiere que valores tus sentimientos y los restaures sanando la relación con tu pareja.

Perdonar no es un signo de debilidad. Hace falta mucho valor para afrontar una injusticia y esforzarse por superar el mal con el bien.

Perdonar no es un acto aislado, sino un proceso sanador que afecta al alma, a la mente, al corazón y a la voluntad. Es transformar el modo de ver a tu pareja, tu reacción a su ofensa y tu relación con ella.

Perdona con el alma

Perdonar es amar como Dios ama. En Dios, el amor y la misericordia coinciden. Dios te ama siempre, toma la iniciativa en el amor y te abraza tal como eres. Su misericordia restablece tu dignidad de hijo de Dios. La fuerza y la motivación para perdonar a tu pareja provienen de que Dios te ha perdonado y espera que tú hagas lo mismo con el otro. Perdonar al otro con el alma es como decir: «Lo que eres es más importante para mí que lo que has hecho». Puedes colmar cualquier falta de amor de tu pareja con un acto de amor puro. Como el gran místico Juan de la Cruz escribió, «donde no hay amor, pon amor y cosecharás amor». Si el Espíritu de Dios vive en ti, puedes ser compasivo como Dios es compasivo.

Perdona con la mente

Cuando la mente se obsesiona con una ofensa y los pensamientos tóxicos alimentan nuestra ira, ansiedad o tristeza, hay que sustituir esos pensamientos por sus antídotos, como decíamos en el capítulo 6. Presta atención sobre todo a pensamientos tóxicos tales como el filtro negativo, el «todo o nada», el hacer suposiciones y el razonamiento emocional.

Centra tu mente en lo que valoras de tu pareja y de tu matrimonio y mira a ver qué cambios de comportamiento hacen falta para superar la injusticia sufrida. Piensa qué cambios de conducta son necesarios en tu pareja para restablecer la relación entre vosotros.

Si tu mente vuelve a pensar en la ofensa, céntrate en el momento presente y en los nuevos modos de actuar necesarios para construir una relación mejor. No puedes perdonar a tu pareja con el corazón si no la perdonas antes con la mente.

Perdona con el corazón

Cancela la deuda emocional. Siempre es posible perdonar; no te pares a pensar *si puedes*, sino *si quieres* perdonar. Perdonar con el corazón significa eliminar todo resentimiento persistente mediante un acto de misericordia, y no recurrir a la ofensa como arma contra tu pareja.

Expresar tu ira no te ayuda a eliminarla, mientras que resolver la injusticia sí. A veces uno espera a que se le pase la indignación para poder perdonar al otro, pero el tiempo no resuelve ni cura nada, mientras que las personas sí.

Tu enfado disminuirá e incluso se te pasará cuando consigas restablecer en tu alma la dignidad del otro con un acto de pura misericordia; cuando descubras qué comportamientos son necesarios para subsanar el daño y decidas libremente hacer tu parte para reconciliarte con tu pareja. Si el otro también pone de su parte y se renueva y se afianza vuestra relación, tu indignación dará paso a la alegría y la paz.

No importa lo enfadado que estés; siempre puedes decidir cómo tratar a tu pareja. Eres libre de hacer lo que esté en tu mano para promover la misericordia y la justicia. Y lo puedes hacer si vives en el momento presente y tratas de tener relaciones sanas, que pueden darte ánimos cuando más lo necesites.

El perdón nunca agota tus reservas emocionales; al contrario, cuanto más perdonas, más se dilatará tu capacidad de amar con amor puro.

Perdona con la voluntad

La última etapa en el camino del perdón consiste en tomar la decisión y la iniciativa de reconciliarte. Invita a tu pareja a cambiar lo que sea necesario para sanar y construir una relación mejor. La reconciliación no es «reparar» la relación que tenías con tu pareja, sino construir una relación nueva. La vida de casados es como edificar una casa nueva día tras día, no comprar una casa en malas condiciones y pasarte el resto de tu vida reparándola. Obviamente, esto requiere que los dos estéis dispuestos. La reconciliación es el fruto maduro del perdón, que integra la misericordia y la justicia y fortalece el amor.

Aunque aún te sientas enfadado y resentido, puedes decidir perdonar si te das cuenta de que no debes dejarte condicionar por el resentimiento y tienes control sobre cómo responder a la ofensa de tu pareja.

Una vez que hayas decidido perdonar y reconciliarte, díselo a tu pareja de un modo respetuoso. Luego dile los cambios que esperas de ella para llegar a una auténtica reconciliación.

Cuando perdonas con la voluntad, recorres la última etapa del proceso sanador del perdón, que hace madurar y purifica tu amor y renueva y fortalece tu matrimonio.

Si tu pareja se resiste o rechaza tu intento de reconciliarte, busca ayuda profesional antes de decidir romper el matrimonio. El camino que lleva del perdón a la reconciliación puede estar lleno de obstáculos que requieren ayuda para superarlos.

Puedes usar el siguiente «ejercicio para perdonar» como una guía cuando tengas que emprender el camino que va del perdón a la reconciliación. Complétalo y comenta tus respuestas con tu pareja.

EJERCICIO PARA PERDONAR

1. Escribe una injusticia sin subsanar que has sufrido por parte de tu pareja. (Defínela de modo específico y breve ciñéndote a los hechos, no basándote en tus sentimientos).

2. ¿Has restablecido la dignidad de tu pareja dentro de tu alma? («Lo que eres es más importante para mí que lo que has hecho»).

3. ¿Qué cambios de conducta necesitas que haga tu pareja para construir una relación nueva y mejor? (Cita comportamientos concretos. Busca la mejoría, no la perfección).

4. ¿Has cancelado la deuda emocional de tu corazón y te has puesto a vivir en el presente?

5. Dile a tu pareja que la perdonas y describe los cambios de conducta necesarios para una reconciliación genuina.

Si has sido tú el que ha ofendido al otro, ten la humildad de pedirle perdón. Indica en qué vas a cambiar, en la medida de lo posible, para evitar que vuelva a suceder. No justifiques tu comportamiento indebido ni le eches la culpa a tu pareja; el orgullo puede perturbar tu razonamiento y poner impedimentos a la reconciliación.

12. El alma de la reciprocidad

A través de los siglos, las espiritualidades cristianas han puesto el énfasis en la presencia de Dios dentro del alma o en la presencia de Dios en el prójimo. Dichas espiritualidades iluminan respectivamente lo que hemos llamado el alma de la autonomía y el alma de la empatía. Ahora, al comienzo del tercer milenio, estamos entrando en una nueva era en cuanto a comprensión de la espiritualidad cristiana. Además de los enfoques anteriores hay otro nuevo: la presencia de Jesús en medio de la comunidad cristiana. En lo referente al alma de la reciprocidad, nuestra inspiración procede de los escritos de Chiara Lubich, cuya espiritualidad de la unidad es vivida por millones de cristianos y personas de otros credos en todo el mundo.

¿Cómo puedes vivir una espiritualidad de la unidad en tu matrimonio? Además de amar a Jesús en tu pareja y dejar que Jesús crezca dentro de ti, tal como indicamos en los capítulos 4 y 8 respectivamente, tienes que fomentar el amor recíproco para experimentar la presencia de Jesús en medio de vosotros: «Donde dos o tres están reunidos en mi nombre, allí estoy yo en medio de ellos» (Mt 18, 20).

La presencia de Jesús entre tu pareja y tú es el alma de la reciprocidad. Para tenerlo presente, hace falta el compromiso diario de amaros el uno al otro antes que ninguna otra cosa, de compartir lo que tenéis y lo que sois, de perdonaros y reconciliaros cuando haga falta.

Poned el amor recíproco en primer lugar

Ante todo, tu primera prioridad debería ser siempre amar a tu pareja. Es un compromiso sencillo pero radical. Es lo que acordasteis hacer cuando os casasteis, y es lo más importante, porque vuestro amor recíproco dará lugar a la realidad más preciada: Jesús entre vosotros. Él es más valioso y más importante que cualquier otra cosa que podáis hacer o poseer.

Lamentablemente, es fácil perder esta prioridad y preocuparse del trabajo, el dinero, los problemas de salud, la educación de los hijos, cuestiones familiares, etc. Cuando uno se concentra en cumplir tareas o en cómo resolver problemas y se olvida de amar a su pareja, la vida y la relación con el otro se vuelven difíciles y agotadoras. El amor nunca se puede dar por descontado; es como un fuego que hay que alimentar constantemente.

Compartid lo que tenéis y lo que sois

La reciprocidad se alimenta compartiendo lo que tienes y lo que eres. Es fácil apegarse a las cosas y crear barreras artificiales para proteger tus posesiones. El amor mutuo en el matrimonio se traduce en «todo lo mío es tuyo» y viceversa. Un todo que significa: el automóvil, el ordenador, el espacio en el armario, la cuenta corriente en el banco, el mando a distancia de la televisión, todas las habitaciones de la casa, todo.

Pero compartir no se limita a lo que tienes, sino que incluye también lo que eres: tu vida interior, lo que da sentido y constituye la meta de tu vida, tu alma. Ésta es quizá una de las mayores lagunas en los matrimonios de hoy: la cantidad y la calidad de la comunicación en la pareja dejan mucho que desear. Las parejas rara vez comparten su vida espiritual. Cuando no compartes tu alma le privas a tu pareja de tu mayor tesoro.

Nosotros solemos desayunar y cenar en familia y aprovechamos esos momentos para comunicarnos cómo hemos vivido el Evangelio, cosa que hacemos con sencillez y espontaneidad. Siempre resulta agradable y alentador. No queremos que nuestra vida espiritual sea artificial o se limite a ir a la iglesia los domingos; queremos que impregne y dé sentido a todo lo que hacemos cada día. Hemos notado que cuanto más compartimos nuestra alma, más crece nuestra unidad.

Haced un pacto de misericordia

Ciertamente, habrá momentos en los que no os améis el uno al otro. Es importantísimo saber qué hacer cuando esto sucede. Para ser capaces de empezar otra vez cuando hay una falta de unidad con tu pareja, necesitas un corazón misericordioso. Puedes transformar tu corazón de piedra en un corazón lleno de compasión haciendo un pacto de misericordia con tu pareja.

Cada noche, antes de quedarte dormido, perdona cualquier motivo de queja que pudieras tener contra tu pareja. Como dijimos en el capítulo 11, este proceso comienza restableciendo la dignidad de tu pareja en tu alma. Elimina cualquier pensamiento tóxico (juicios) sobre tu pareja y piensa en los cambios de comportamiento necesarios para mejorar cualquier situación dolorosa. Por último, cancela toda deuda emocional en tu corazón y niégate a guardar ningún rencor. Es como quemarlo todo en un fuego de misericordia. Cuando te despiertes al día siguiente, mira a tu pareja con ojos nuevos, sin quedarte en el pasado. En un momento propicio, habla con tu pareja sobre los cambios de comportamiento necesarios para mejorar vuestra relación. Este proceso os permitirá a los dos experimentar el gozo de la reconciliación.

El pacto de misericordia quita todas las impurezas que pudieran haberse infiltrado en vuestra relación durante el día y produce sanación y crecimiento. Un acto de misericordia es una inyección de amor puro que renueva y revitaliza vuestro matrimonio.

La llave de la unidad

Hemos mencionado tres modos de promover la reciprocidad y la unidad en vuestro matrimonio. Cuando os amáis el uno al otro como Jesús os amó, Él está presente en medio de vosotros y os hace ser uno. La unidad sólo es posible si Jesús está presente entre vosotros. Jesús vino a la tierra precisamente con esta idea en la mente. La noche antes de morir reveló su deseo más íntimo cuando expresó su última voluntad—su testamento—en su oración al Padre: «Que sean uno como nosotros somos uno» (Jn 17, 22).

¿Cómo obtuvo la unidad para nosotros? Nos dio su vida en la cruz, pero además sintió un total abandono. Para volver a unirnos con Dios y con los demás, antes tuvo que sentir Él todo lo que nos separaba. Este momento de misterioso abandono tuvo lugar cuando gritó: «Dios mío, Dios mío, ¿por qué me has abandonado?» (Mt 27,

46). ¿Cómo superó esta trágica experiencia de falta de unidad? La transformó en un acto de amor que sólo Él podía hacer y se encomendó completamente al amor de su Padre: «Padre, en tus manos pongo mi espíritu» (Lc 23, 46). Jesús obtuvo nuestra unidad con Dios y con los demás mediante su abandono en la cruz y su posterior muerte y resurrección. Cualquier forma de unidad cristiana, incluido el matrimonio, se alcanza mediante nuestro amor a Jesús abandonado. *La unidad* y *Jesús abandonado* son dos realidades que están intrínsecamente vinculadas, de modo que no podemos comprender ni vivir la una sin la otra.

—Jesús abandonado es nuestro modelo de empatía

Hemos descrito la empatía como el proceso de vaciarte de ti mismo para ser uno con tu pareja y responder debidamente a sus necesidades. En su abandono en la cruz, Jesús se vació de todo para hacerse uno con nosotros y darnos lo que más necesitábamos: nuestra relación con Dios—como hijos de Dios—y nuestra unidad con los demás como verdaderos hermanos.

Cuando practicas la empatía, ten a Jesús como modelo y medida del amor a tu pareja. Vacíate completamente, como hizo Él, para hacer sitio dentro de ti a tu pareja. Acepta todo lo que tu pareja vive y hazlo tuyo, como hizo Jesús. Descubre lo que tu pareja necesita y dáselo sin quedarte con nada, como hizo Él.

—Jesús abandonado es nuestro modelo de autonomía

La autonomía potencia al máximo tu capacidad de amar y de ser un don para tu pareja. En su abandono,

Jesús muestra la medida máxima de nuestro amor. Él se entregó completa y libremente. En ese momento, por primera vez en su vida, dejó de sentir el amor de su Padre. Decidió libremente amar al Padre aun cuando no sentía la respuesta de amor por parte del Padre. En ese momento fue el primero en amar. Él es nuestro modelo en tomar la iniciativa de amar concretamente y hasta el final.

Para practicar la autonomía, tenlo a Él como modelo. Sé el primero en amar, como hizo Él. Considera tu vida como un don para tu pareja, y dedícala a amar concretamente y hasta el final, como Él hizo.

—Jesús abandonado es nuestro modelo de reciprocidad

La reciprocidad es el resultado de buscar la unidad por encima de todo, compartiéndolo y perdonándolo todo. Jesús experimentó el abandono precisamente a causa de la falta de unidad entre nosotros y Dios. Nos amó hasta el punto de hacerse uno completamente con nosotros. Aunque no había cometido ningún pecado, se hizo pecado y, por tanto, abandonado. «A quien no conoció pecado, lo hizo pecado por nosotros para que viniésemos a ser justicia de Dios en él» (2 Co 5, 21).

Su más profundo anhelo en la vida era hacernos uno con Dios y con los demás. Ésa fue siempre su prioridad y el motivo que sustentaba todo lo que dijo e hizo. Sólo podía alcanzar esta unidad por medio de un amor que pasase por el abandono; si no, habría escogido otra manera. Dijo: «Nadie tiene mayor amor que el que da su vida por sus amigos» (Jn 15, 13). En la cruz no sólo nos da su vida física, sino sobre todo su vida divina. En el abandono nos da su Espíritu: Jesús comparte con nosotros lo que es.

Por medio de su abandono, su perdón restablece nuestra dignidad de hijos de Dios y cancela todas nuestras deudas. Él nos invita a hacer lo mismo y a reconciliarnos con los demás.

Para llegar a la reciprocidad con tu pareja, ten una idea fija: busca la unidad con ella por encima de todo lo demás. Cuando comuniques, comparte lo que tienes y lo que eres, como hizo Él. Perdónalo todo como hizo Él, restableciendo siempre la dignidad de tu pareja.

La alquimia divina: el secreto de la felicidad duradera

Hay un modo de transformar todo lo negativo en positivo. La vida conlleva dolores físicos, emocionales o espirituales. No podemos eliminar el sufrimiento, pero sí podemos transformarlo, con lo que se hace llevadero y adquiere sentido.

Para empezar, elimina todos los dolores que tú mismo te provocas. Puedes cambiar modos de pensar o actuar que no son saludables, como indicamos en los capítulos 5, 6 y 7. Ante un dolor que no has causado tú, puedes reaccionar de cuatro maneras: luchar contra él, tratar de huir de él, quedarte paralizado por él o transformarlo. Las tres primeras reacciones no harán más que perpetuar o incluso aumentar el dolor.

¿Cómo podemos transformar el dolor? Los cristianos creemos que Jesús cargó con todas las formas de dolor causadas por el pecado y las redimió en la cruz. Hemos usado el término «Jesús abandonado» para referirnos precisamente a ese momento de su vida en que cargó con todos los sufrimientos humanos, tanto físicos como psicológicos o espirituales, y los transformó en amor encomendándose completamente a su Padre. La respuesta del Padre fue la resurrección. Si abrazas y amas a Jesús en cualquier dolor, Él te llevará por el mismo proceso de «alquimia divina» por el que Él pasó. Jesús abandonado se convierte en el punto de acceso a un encuentro existencial con la Trinidad.

El primero que encuentras es Jesús, presente en tu dolor. Todo dolor lo contiene a Él, porque Él se hizo ese dolor en la cruz. Cuando sufras, ponle nombre a tu sufrimiento y ten la certeza de que Jesús está presente en esa situación dolorosa. Por ejemplo, si te sientes solo, abrázalo a Él, que se hizo soledad para que tú no volvieras a estar nunca solo; cuando sientas ansiedad, abrázalo a Él, que se hizo ansiedad para serenarte; cuando te sientas deprimido, abrázalo a Él, que se hizo desaliento para consolarte; cuando sientas la división, abrázalo a Él, que se hizo división para darte la unidad; cuando te sientas pecado, abrázalo a Él, que se hizo pecado para darte la gracia de Dios; cuando sientas la oscuridad, abrázalo a Él, que se hizo oscuridad para darte luz; cuando te sientas desesperado, abrázalo a Él, que se hizo desesperación para darte esperanza; cuando te sientas totalmente fracasado, abrázalo a Él, que se hizo fracaso para darte la victoria sobre cualquier lucha personal. Ponle nombre a tu dolor y, si abrazas a Jesús en el dolor, Él se te manifestará.

Abrazar a Jesús en el sufrimiento no es un truco espiritual para no tener que afrontar una situación dolorosa. Al contrario, es el modo más honesto y maduro de encarar y superar el sufrimiento. Es un encuentro con Jesús como redentor de todo dolor. Para empezar, abrázalo con un acto de voluntad cuando llegue el dolor y, con los años, notarás que tu elección brotará también del corazón. Cuando lo encuentres en el dolor, dile a Jesús: «Estoy contento de amarte como tú me amaste a mí».

No pierdas tiempo analizando el dolor o esperando a ver si sientes su presencia. Nunca entenderás a Jesús abandonado pensando en Él, sino sólo amándolo. Si lo amas para que el dolor se vaya, no lo estás amando, sino utilizándolo para librarte del dolor. Tu encuentro con Él es real cuando no tienes otros motivos y te alegras de hacerte uno con Él.

En segundo lugar encuentras al Padre. Jesús mismo te llevará hasta el Padre y te invitará a hacer lo que Él hizo: encomendarle al Padre todas tus preocupaciones. Es el momento de confiarle tu dolor y el deseo que tienes de controlar tu futuro. Te abandonas al amor del Padre creyendo que todo lo que quiere o permite que suceda será lo mejor para ti, pues todo tiene como finalidad el llevarte a una mayor unión con Él. Esto requiere a veces una fe heroica, pero tu propia experiencia te demostrará que no hay quien supere al Padre en amor, y sentirás una profunda paz de saber que tu vida está en las mejores manos posibles, las del Padre, que no dudó en entregar a su propio hijo por amor a ti.

Por último, encuentras al Espíritu Santo. Después de encomendarle tu dolor al Padre y ponerte a amar a Dios haciendo su voluntad, o a amar a la persona que está a tu lado en ese momento, experimentarás una nueva presencia del Espíritu Santo dentro de ti. No esperes a que la situación dolorosa se resuelva o a dejar de sufrir para ponerte a amar. En cuanto decides amar y no quedarte en ti mismo, experimentas la «alquimia divina» de pasar de la muerte a la vida. «Hemos pasado de la muerte a la vida porque amamos a los hermanos» (1 Jn 3, 14). Cuando te pones a amar a Dios y a los demás experimentas una nueva vida dentro de ti: la presencia del Espíritu Santo.

En cuanto empieces a amar otra vez, tu dolor se hará llevadero o desaparecerá y te sentirás transformado y renovado por la presencia del Espíritu Santo dentro de ti. Tu corazón se llenará de una alegría y una paz que nada ni nadie podrá quitarte.

Encontrar a Jesús en el sufrimiento, al Padre cuando le encomendamos nuestro dolor y al Espíritu Santo cuando nos ponemos a amar en el momento presente, es un proceso espiritual que al principio lleva su tiempo, pero, en la medida en que maduramos espiritualmente, puede llegar a suceder en cuestión de segundos.

Descubrirás que ya no hay por qué temer ni evitar el dolor, pues nos da una oportunidad única de tener un encuentro íntimo con Dios que transforma el sufrimiento en amor a Dios y a los demás. Éste es el secreto de la alegría cristiana, de esa felicidad sin fin que todo ser humano anhela. Esta alegría, don del Espíritu Santo, está presente cada vez que amamos a Jesús abandonado como Él nos amó. Esta «alquimia divina» es una experiencia sencilla pero profunda. Nunca podremos agradecerle suficientemente a Jesús lo que hizo y lo que nos dio a través de su abandono.

Amar a Jesús abandonado
es la llave de nuestra unidad con Dios
y entre nosotros,
y el secreto de la auténtica felicidad.

Viviendo el modelo de matrimonio cristiano que hemos expuesto en este libro, tú y tu pareja sentiréis la plenitud de la alegría que Jesús prometió cuando estáis unidos en su nombre.

Si deseas saber más sobre lo que has leído o compartir cómo te ha ayudado en tu matrimonio, nos encantaría saber de ti. Nos puedes escribir a la dirección que aparece a continuación, en el apartado «Los autores».

Los autores

John Yzaguirre, nacido en Barcelona, ejerce como psicólogo en Estados Unidos desde hace más de 30 años. Obtuvo el master en Psicología por el Boston College y el doctorado en la misma especialidad por la University of Southern California. Está especializado en temas de vida familiar, en los que integra la psicología y la espiritualidad. Ha desarrollado con éxito programas de prevención y tratamiento en centros de salud mental en Boston, Nueva York, Los Ángeles y Orange County (California). Ha sido director del departamento de psicología del Hospital de Niños del Condado de Orange (California) y en la actualidad, además de su práctica privada, desarrolla una intensa actividad como conferenciante en Estados Unidos, Canadá, México, Europa y Australia.

Claire Frazier de Yzaguirre está especializada en terapia matrimonial y de vida familiar, con una experiencia profesional de más de 30 años. Ha obtenido dos masters, en psicología y en teología, por la Universidad de Fuller y ha cursado estudios en Jerusalén, durante un año, en el Institute of Holy Land Studies, donde se ha especializado en estudios bíblicos y diálogo ecuménico. Ha sido invitada a hablar sobre temas de vida familiar en muchas ciudades de Estados Unidos.

Los esposos Yzaguirre dirigen el Instituto Prosocial de California, en Irvine, California. Cada año miles de personas participan en sus programas de formación en más de 50 ciudades de los Estados Unidos. Para contactar con ellos:

2081 Business Center Dr., Ste. 170
Irvine, CA 92612
(949) 851-1572
yza@cox.net
www.ThrivingFamilies.com

NEW CITY PRESS
of the Focolare
Hyde Park, New York

New City Press forma parte de una red de más de 20 casas editoriales patrocinadas por el Movimiento de los Focolares que fue fundado por Chiara Lubich para ayudar a realizar la oración de Jesús: "Que todos sean uno" (Jn 17, 21). Con ese fin, New City Press publica libros y recursos que enriquecen las vidas de las personas y les ayudan a contribuir a la unidad de la familia humana. Somos miembros de la Asociación de Editores Católicos.

Lectura adicional

"Casados y felices. Segunda edición" está disponible también en su segunda edición en inglés.

Thriving Marriages. Second edition   978-1-56548-591-4
$14.95

Visite www.newcitypress.com para mayor información sobre libros de vida familiar.

Revistas
Living City Magazine,
www.livingcitymagazine.com

Escanea para formar parte de nuestra lista de correo y para

recibir descuentos y promociones

o visita

www.newcitypress.com

y haz clic en "join our email list."